Jules Schelvis
Eine Reise durch die Finsternis

Jules Schelvis

Eine Reise durch die Finsternis
Ein Bericht über zwei Jahre in deutschen
Vernichtungs- und Konzentrationslagern

Für Leo de Vries,
der zwei Jahre lang mein treuer Freund in den Lagern gewesen ist.
Kurz vor der Befreiung ist er an Entkräftung gestorben.

Zuerst 1982 in den Niederlanden im Verlag De Haan/Bussum unter dem Titel
Binnen de poorten erschienen.
Aus dem Holländischen übersetzt von Waltraut Hüsmert, Helga Marx,
und Rosie Wiegmann.

Impressum

Die Deutsche Bibliothek – CIP-Einheitsaufnahme;
Jules Schelvis
Eine Reise durch die Finsternis
Ein Bericht über zwei Jahre in deutschen
Vernichtungs- und Konzentrationslagern
- 1. Aufl. -
Münster: Unrast 2005
(reihe antifaschistischer texte)
ISBN 3-89771-815-4

Jules Schelvis
Eine Reise durch die Finsternis
Ein Bericht über zwei Jahre in deutschen
Vernichtungs- und Konzentrationslagern
rat · reihe antifaschistischer texte/UNRAST-Verlag
Hamburg/Münster, Februar 2005
ISBN 3-89771-815-4
Titelgestaltung: pbdt
Satz und Druck: Offset-Druck, Hamburg

www.unrast-verlag.de
Mitglied in der assoziation Linker Verlage (aLiVe)

Inhalt

Vorwort

Am 1. Juni 1943 wurden von den deutschen Besatzern 3.006 jüdische Männer, Frauen und Kinder aus dem Polizeilichen Durchgangslager Westerbork in den Osten deportiert. Vier Tage später kamen sie in dem ostpolnischen Dorf Sobibór an. Niemand konnte ahnen, dass am Ende des Tages nur noch 81 junge Männer am Leben sein würden. Die übrigen wurden sofort nach ihrer Ankunft in den Gaskammern getötet.

Als der Verfasser am frühen Nachmittag zusammen mit achtzig anderen Häftlingen in das Torflager Dorohucza gebracht wurde, brach für ihn eine Zeit von zwei Jahren Konzentrationslager an. Von den 34.313 Jüdinnen und Juden, die vom 2. März bis zum 20. Juli 1943 aus den Niederlanden mit dem Ziel Sobibór abfuhren, überlebten letztendlich der Verfasser sowie noch zwei Männer und fünfzehn Frauen den Krieg.

Direkt nach seiner Befreiung am 8. April 1945 durch die französische Armee in Vaihingen an der Enz bei Stuttgart hat er in dem dortigen Krankenhaus seine Erlebnisse zu Papier gebracht. Sechsundreißig Jahre später hat er mit Hilfe dieser Aufzeichnungen ein ziemlich ausführliches Bild von dem gezeichnet, was ihm am meisten im Gedächtnis geblieben ist.

In zahlreichen Publikationen zur Geschichte des Zweiten Weltkriegs nimmt die Judenverfolgung einen wichtigen Platz ein. In diese Reihe passt auch dieses Buch. Darüber kann nie genug geschrieben werden; von den wenigen Überlebenden, die den Gaskammern entkommen sind, hat jeder einzelne seine einzigartige Geschichte. Die Generation dieses Jahrhunderts, die sich etwas eingehender mit der Judenverfolgung beschäftigen will, kann sich keine Vorstellung davon machen, was in Wirklichkeit passiert ist. Es ist möglich, dass zum Zeitpunkt der Herausgabe dieses Buches auf

Deutsch, sechzig Jahre danach, in bereits existierenden und noch folgenden Publikationen ein Bild entstehen kann, dass nicht mit der Wirklichkeit übereinstimmt. Wer soll das dann noch beurteilen? Darum beschreibt der Autor äußerst genau, was ihm, als einem der wenigen, die sowohl Sobibór, Auschwitz als auch zahllose andere Lager überlebt haben, widerfahren ist. Es ist eine Geschichte mit oftmals schockierenden Ereignissen, die während des Zweiten Weltkrieges stattgefunden haben.

Amstelveen, Februar 2005

Amsterdam

Doktor Keesing musste seine Hilfeleistung bei der Geburt des ersten Kindes meiner Mutter kurz unterbrechen, als das Luftschiff »Graf Zeppelin« am 11. September 1919 über Amsterdam kreiste. Eine halbe Stunde später wurde meine Schwester Milly geboren. Sechzehn Monate danach kam ich im gleichen Haus auf der Rapenburg im Amsterdamer Judenviertel der Vorkriegszeit zur Welt.

Das war am 7. Januar 1921. Nach mir bekamen meine Eltern keine Kinder mehr. Sie waren der Ansicht, dass sie eine Reiche-Leute-Familie gegründet hatten: Mutter, Vater, Tochter und ein Sohn.

Meine Mutter, Esther Papegaaij, hatte vor ihrer Heirat in der Utrechtsedwarsstraat gewohnt. Eine schöne Kindheit hatte sie nicht, da sie schon früh ihren Vater verlor. Sie kam dann als Kind in das israelitische Waisenhaus für Mädchen in der Rapenburgerstraat, wo sie nach jahrhundertealten Traditionen erzogen wurde. Im Waisenhaus lernte sie, wie so viele junge jüdische Mädchen in jenen Tagen, Damenunterwäsche nähen. Sie wurde auch im Aufsagen von hebräischen Gebeten unterrichtet, ohne deren Bedeutung zu kennen.

Als seine Mutter starb, wurde mein Vater Jacob, so gut es eben ging, von seinem Vater, also meinem Großvater, einem Scheibenschleifer, aufgezogen. Es gab in Amsterdam, dem Zentrum der niederländischen Diamantindustrie, nur wenige Scheibenschleifer. Die Arbeit bestand aus dem Schleifen runder Eisenplatten, auf denen die Schleifer ihre Diamanten mit den vorgeschriebenen Facetten versahen.

Da mein Großvater wie die meisten seiner Kollegen lange Arbeitstage hatte, konnte er nicht viel Zeit auf die Erziehung seines Sohnes verwenden. Mein Vater landete fast wie von selbst in der

Jules Schelvis mit seinen Eltern 1931

Diamantindustrie: Er wurde Diamantsäger. Das Sägen geschah mit
Hilfe schnell rotierender Kupferscheiben, an deren Enden Diamant-
pulver gekittet war. Wie alle Diamantarbeiter war auch er Mitglied
des Algemene Nederlandse Diamantbewerkers Bond, einer perfekt
organisierten Gewerkschaft, deren legendärer Vorsitzender Henri
Polak war. Polak wollte nicht nur die Interessen der Arbeiter vertreten, sondern ihnen auch die Schönheit von Stadt und Land nahe
bringen. Er ermutigte sie, die große Ausleihbibliothek im Keller des
von dem Architekten Berlage entworfenen Gewerkschaftsgebäudes
an der Plantage Franschelaan (nach dem Krieg in Henri Polaklaan
umbenannt) zu nutzen. Mein Vater gehörte zu ihren regelmäßigen
Besuchern und nahm ein paar Mal im Monat einen Stapel Bücher
mit nach Hause. Lesen war eines seiner Hobbys.

Als ich vier Jahre alt war, konnten sich meine Eltern den Luxus
erlauben, das einengende Ghetto zu verlassen, um sich – wie so
viele Menschen aus dichtbevölkerten Judenvierteln – als relativ
wohlhabende Arbeiterfamilie im Süden der Stadt niederzulassen.
Wir hatten eine Wohnung in der Waverstraat. Von dort brachte
mich meine Mutter täglich in den Kindergarten in die Pieter Aertsz-

straat, danach besuchte ich die Grundschule am Meerhuizenplein. Dass es uns nicht schlecht ging, konnte ich aus den 50 Cent Schulgeld schließen, die ich jeden Montag bei der Lehrerin abgeben musste – ein höherer Betrag als der, den die meisten anderen entrichteten.

Die Zeiten änderten sich jedoch schnell. Drei Jahre später zeigte sich, dass auch für die meisten Diamantarbeiter die Bäume nicht in den Himmel wuchsen. Wir konnten damals das Geld für die Miete nicht mehr aufbringen. Weil es für unsere Familie nicht in Frage kam, Schulden zu machen, zogen wir in die Retiefstraat im Osten der Stadt, in das Transvaalviertel, in dem sich in manchen Straßen viele Juden niedergelassen hatten. Auch die Familie de Vries zog mit ihren drei Söhnen dorthin. Leo, der mittlere Sohn, war genau einen Monat früher als ich im selben Haus auf Rapenburg zur Welt gekommen: er im Hinterhaus, ich im Vorderhaus.

Die meisten Kinder aus der Retiefstraat gingen in der Smitstraat zur Schule – die Mädchen auf die Oranje Vrijstaatschool und die Jungen auf die daneben gelegene Transvaalschool, deren Rektor Dr. Holzapfel war, ein fortschrittlicher Mann, bei dem ich in der sechsten Klasse Unterricht hatte. Mit den Jungs aus dem Viertel spielte ich auf dem Transvaalplein Fußball, zumindest, wenn der unvermeidliche Revierpolizist mit der Nummer 272 auf dem Kragen auf seinem Fonger-Fahrrad nicht in der Nähe war. Auf diesem Platz, der einst als Ort der Emanzipation und Integration des jüdischen Proletariats galt, tanzten die Mädchen und Jungen der Transvaal-Gruppe der AJC (Arbeiders Jeugd Centrale) am 1. Mai um den Maibaum. Bei den Wahlen standen Redner auf den Balkons und riefen die herbeiströmende Menge auf, ihre Stimme der SDAP (Sociaal Democratische Arbeiders Partij) zu geben. Mein Vater war politisch engagiert und Mitglied dieser Partei.

Nach der Schule ging ich oft mit einigen Kameraden in die alte, stillgelegte Gasfabrik hinter der Linnaeusstraat, wo wir zwischen den Ruinen »diefje met verlos« (eine Art Versteckspiel) spielten. Später probierten wir bei der ersten Kunsteisbahn der Niederlande heimlich durch die Kontrolle zu schlüpfen, als Sonja Henie großes Aufsehen erregte. Im Sommer lief ich häufig mit einer Gruppe aus

Die sechste Klasse der Transvaalschule 1932. Hinterste Reihe, dritter von links: Jules Schelvis. In der Mitte Dr. Holzapfel

der Nachbarschaft drei Viertelstunden zu Fuß nach Zeeburg, um dort im Freibad zu schwimmen. Dabei freute ich mich immer auf das Stück Zwieback, das ich anschließend beim strategisch aufgestellten Karren mit Süßigkeiten für zwei Cent von meiner Mutter kaufen durfte. Mir war nicht bewusst, wer Jude und wer kein Jude war. Von einigen wusste ich es, weil sie die Klasse wegen des Sabbats im Winter schon vor Einbruch der Dunkelheit verlassen durften, während für uns andere die Klingel erst um vier Uhr ging.

Trotz der schlechten Zeiten gegen Ende der zwanziger Jahre sang mein Vater, ein ernster und kunstsinniger Mensch, im Gesangverein »De Stem des Volks« Werke wie – die Ironie sollte sich erst später zeigen – *Ein deutsches Requiem* von Johannes Brahms und Kantaten wie *Singet dem Herrn ein neues Lied* von Johann Sebastian Bach. Ich habe als Kind oft die Proben im Gebäude der Theosophischen Gesellschaft in der Tolstraat besucht, wo ich fasziniert der Musik lauschte.

Als ich sechzehn Jahre alt wurde, ging ich zum Büro der SDAP in der Retiefstraat, wo die Abteilung sechs untergebracht war, und schrieb mich als Mitglied der Partei ein. Mein Vater war auch im Ancient Order of Foresters aktiv, einer Freimaurerloge, die ein Vereinshaus in der Sarphatistraat hatte. Womit man sich dort beschäftigte, war mir nicht klar. Schließlich lasen wir – wie hätte es auch anders sein können – *Het Volk*, die Tageszeitung der Arbeiterpartei.

Nach der Hauptschule arbeitete meine Schwester eine Zeitlang im Büro des Manufakturenhandels De Vries van Buren an der Jodenbreestraat. Später erlernte auch sie den Beruf der Schneiderin. Beim Schwimmverein der Wasserfreunde lernte sie ihren späteren Mann Ruut Rubens kennen.

Als ich die Berufsschule beendet hatte, bekam ich eine Stelle im Materialraum des schon damals berühmten Kaufhauses De Bijenkorf, nachdem mein Vater einige Male vergeblich versucht hatte, mich als Drucker-Lehrling bei Arbeiderspers am Hekelveld unterzubringen. Beim Bijenkorf kam ich in Kontakt mit dem Chef der Druckerei Lindenbaum, die für das Kaufhaus Drucksachen herstellte. Nachdem ich mich einige Male mit ihm unterhalten hatte, wurde ich von dem alten Herrn Lindenbaum in seinem Betrieb angestellt. Drei Jahre später erhielt ich nach einer gründlichen Ausbildung und einem halben Tag Theorieunterricht pro Woche auf der Amsterdamer Grafischen Schule mein Diplom als Drucker. Danach vertraute er mir seine besten und modernsten Maschinen an. Herr Lindenbaum, der es gut mit mir meinte, prophezeite mir eine erfolgreiche Zukunft in seinem renommierten Betrieb.

1936 meldete ich mich bei den Wasserfreunden an, einer Abteilung des Nederlandse Arbeiders Sportbond (NASB), wo ich schon bald für verschiedene Funktionen in der Jugendarbeit vorgeschlagen wurde. In unserem Klubgebäude an der Govert Flinckstraat vergnügten wir uns mit Singen, Spielen, Musizieren und Volkstanz. Im Sommer zelteten wir an den Wochenenden auf dem Langeveld in Noordwijkerhout und in den großen Ferien organisierten wir Jugendlager auf der Insel Texel. Bei den Wasserfreunden lernte ich Annie kennen, die als Mitglied der AJC oft zu Besuch bei der polnischen Familie Borzykowski in der Nieuwe Kerkstraat war. Deren Kinder, Hella, Rachel und Herman, waren ebenfalls Mitglieder dieser Jugendbewegung. Vater und Mutter Borzykowski waren nach dem Ersten Weltkrieg wegen des in Polen herrschenden Antisemitismus in die Niederlande emigriert und hatten sich in Amsterdam niedergelassen. Vater David hatte eine Polsterei eröffnet und beschäftigte nach wenigen Monaten zehn Angestellte. Obwohl die Kinder in den Niederlanden geboren waren, besaßen sie die polnische Nationalität. Aus diesem Grund musste sich die Familie einmal im Jahr bei der Fremdenpolizei melden.

Am frühen Morgen des 10. Mai 1940 wurde meine Familie in der Henriëtte Ronnerstraat, wo meine Eltern damals wohnten, vom Geräusch vieler Flugzeuge aus dem Schlaf gerissen. In unseren Schlafanzügen gingen wir auf die Veranda, um besser sehen zu können, was los war. So viele deutsche Maschinen hatten wir noch nie am Himmel gesehen. »Sie werden sicher England massiv bombardieren«, sagte mein Vater. »Die werden sich freuen. Ich möchte nicht in ihrer Haut stecken.« In dem Moment wussten wir noch nicht, dass der Krieg ausgebrochen war. Als wir das Radio anmachten, hörten wir, dass die Deutschen unser Land überfallen hatten. Wir kleideten uns schnell an und gingen zur Van Woustraat. Dort hatten sich schon Menschengruppen gebildet, die über die Berichte redeten, aber niemand – mich selbst eingeschlossen – war sich bewusst, dass die Invasion das Vorspiel zur beinahe totalen Vernichtung der jüdischen Bevölkerung bedeuten würde. Gegen acht Uhr fuhr ich wie jeden Morgen mit dem Fahrrad zur Arbeit. Als ich am nächsten Tag, einem Samstag, hinter der Druckerpresse stand, hörte ich einen gewaltigen Knall. Nicht weit von uns musste eine Bombe eingeschlagen sein. Das war für mich und die anderen Drucker kein Grund, die Arbeit niederzulegen. Wir versteckten uns nicht einmal und gingen auch nicht nachsehen, was denn eigentlich geschehen war.

Das niederländische Heer führte einen völlig ungleichen Kampf gegen die Übermacht. Einige Tage später, am Nachmittag des 14. Mai, ging ich mit Annie von meinem Elternhaus durch die fast ausgestorbene Stadt zur Nieuwe Kerkstraat, um bei der Familie Borzykowski die Nachrichten zu hören. Dort herrschte eine bedrückte Stimmung, weil mit jeder Stunde deutlicher wurde, dass wir den Krieg schon nach fünf Tagen Widerstand verlieren würden. David und seine Frau Gretha machten sich Sorgen über die Absichten der Deutschen. Kurz darauf erfuhren wir, dass das Zentrum von Rotterdam von ihren Bomben in Schutt und Asche gelegt worden war und

dass Utrecht, falls die niederländische Armee nicht kapitulieren sollte, dasselbe Schicksal bevorstand. Den Borzykowksis war klar, dass
der deutsche Sieg eine Katastrophe für uns Juden bedeuten würde.
Sie hatten Unterdrückung und Antisemitismus am eigenen Leib
erfahren und Langhoffs *Moorsoldaten* gelesen, eine Geschichte, die
sich in einem Konzentrationslager abspielte. Daher wussten sie, dass
Lager wie Dachau und Buchenwald existierten.

Am frühen Abend machte der Sprecher des Radio-Nachrichten-
dienstes bekannt, dass die Niederlande kapituliert hatten. Unsere
Armee war der Übermacht der Bombenflugzeuge, Kanonen, Fall-
schirmspringer, Panzer und Soldaten nicht gewachsen. Tränen
schossen uns in die Augen, als nach dem Kapitulationsbericht die
Nationalhymne *Wilhelmus* gespielt wurde. Wir fielen einander in
die Arme und versprachen uns, uns gegenseitig in der – plötzlich
höchst unsicher gewordenen – Zukunft zu helfen. Am innigsten
umarmte ich Rachel, die ich auch Chel nannte und in die ich schon
eine Weile heimlich verliebt war. Annie war meine Freundin – wir
verstanden uns gut –, aber von Heiraten konnte keine Rede sein.
Nach dem Unglücksbericht fühlten Chel und ich, dass wir für einander bestimmt waren. Sie war eine schöne junge Frau und
erwachsen für ihre siebzehn Jahre. Sie arbeitete als Näherin bei der
Firma Reinsberg auf der Keizersgracht.

Es wurde immer stiller in der Henriëtte Ronnerstraat, weil ich
mich mehr in der Nieuwe Kerkstraat als bei meinen Eltern aufhielt.
Sie bekamen nicht mehr viel Besuch, da Millys Verlobter in Den
Bosch wohnte. Ab Stodel, der in Hella verliebt war, wohnte in der
Nähe der Nieuwe Kerkstraat, so dass auch er oft zu den Borzykowskis kam. Das galt für viele AJC-Mitglieder aus der Gruppe Hortus
und andere, vor allem polnische Freunde, die sich in der jiddischen
Kulturgemeinschaft Sch.-Anski zusammengeschlossen hatten, die
sich nach einem berühmten jiddischen Schriftsteller benannt hatte.

Nach der deutschen Invasion vom 15. Mai – der Rauch der bren-
nenden Öltanker im Hafengebiet hing noch über der Stadt – und
der Okkupation von Amsterdam änderte sich anfangs wenig, bis auf
die vielen deutschen Fahrzeuge und Soldaten, die in der Stadt auftauchten. Entgegen allen Erwartungen verhielten sie sich korrekt

und wurden von einem Teil der Bevölkerung sogar herzlich empfangen. Maßnahmen gegen Juden wurden in jenen Tagen kaum ergriffen, so dass es den Anschein hatte, das Ganze sei gar nicht so schlimm. Das änderte sich Anfang Januar 1941, als eine Verordnung bezüglich der Meldepflicht von Personen, die ganz oder teilweise »jüdisches Blut« hatten erlassen wurde. Auch ich war verpflichtet, mich gegen Zahlung eines Guldens als Jude beim Einwohnermeldeamt registrieren zu lassen. Weil die Niederländer im Allgemeinen obrigkeitstreu waren, haben sich auch die Juden bis auf wenige Ausnahmen dieser Verpflichtung nicht entzogen. Sie waren sich jedoch nicht im Klaren darüber, dass sie mit der Registrierung an ihrem eigenen Untergang mitwirkten. Die Juden fürchteten, dass die deutschen und niederländischen Behörden, die ihre Arbeit sehr sorgfältig erledigten, früher oder später doch herausfinden würden, wer Jude war und wer nicht. Die Folge war, dass die Deutschen innerhalb weniger Monate genau wussten, wie viele Juden in den Niederlanden wohnten, wie alt sie waren, welchen Beruf sie hatten und wie viele Ausländer und Staatenlose es gab. Die Fakten, die sie so erhielten, bildeten die Grundlage für die großangelegten Deportationen, die zu dem Zeitpunkt schon vorbereitet wurden.

Im Februar 1941 weigerten sich einige Besitzer von Kneipen und Restaurants in der Amsterdamer Innenstadt, Schilder aufzuhängen, auf denen stand »Für Juden verboten«. Die Folge war, dass NSB-Mitglieder (Nationaal-Socialistische Beweging, die Nazipartei der Niederlande) und WA-Männer (die Wehrabteilung der NSB) Besucher misshandelten und Fenster von jüdischen Geschäften einschlugen. Die Bewohner der östlichen Amsterdamer Inseln akzeptierten das nicht und lehnten sich dagegen auf. Das Auftreten der WA wurde immer brutaler, was zur Folge hatte, dass Bürger aus den Vierteln Wittenburg und Kattenburg zusammen mit jüdischen Rollkommandos Gegenaktionen unternahmen. Die Spannung erreichte nach dem Einfall der Deutschen im vollen Eissalon Koco in der Van Woustraat und nach dem Tod eines WA-Mannes auf dem Waterlooplein ihren Höhepunkt.

Auf dem Weg von meinem Elternhaus in die Nieuwe Kerkstraat gingen Chel und ich am Samstag, dem 22. Februar, gegen Abend nichtsahnend über den Weesperplein. Wir wussten nicht, dass kurz zuvor die streng eingehaltene Abgrenzung des Judenviertels aufgehoben worden war. Wären wir eine Viertelstunde eher von zu Hause weggegangen, wäre ich in eine Razzia geraten und zusammen mit hunderten anderen nach Buchenwald und von dort einige Monate später nach Mauthausen abtransportiert worden.

Die Mutigsten der Amsterdamer Bevölkerung organisierten daraufhin einen Streik, der in die Geschichte eingegangen ist: der Februarstreik, der am 25. Februar begann. Die Fabriken leerten sich und alle kommunalen Angestellten legten die Arbeit nieder. Auch die Setzer und Drucker der Firma Lindenbaum gingen auf die Straße. Am nächsten Tag breitete sich der Streik auf Orte in der Umgebung von Amsterdam aus. In der Provinz Nordholland wurde der Ausnahmezustand verhängt. Die Deutschen griffen mit Gewalt ein. In den Niederlanden hatte sich etwas ereignet, was noch nirgendwo anders vorgekommen war: Nicht-Juden hatten unter dem Joch einer Besatzung ihre Solidarität mit dem jüdischen Volk demonstriert.

Von dem Moment an folgten anti-jüdische Maßnahmen einander in hohem Tempo. Die Deutschen verordneten die Gründung eines Judenrates, der die Aufgabe hatte, die Befehle der Besatzer uneingeschränkt auszuführen. Einer der Befehle lautete, nicht-niederländische Juden, sofern sie aus nicht-neutralen Ländern stammten, hätten sich bei der Zentralstelle für jüdische Auswanderung in der Amsterdamer Euterpestraat »zur Emigration« zu melden. Das galt also auch für die polnischen Juden. Es kursierte das Gerücht, man werde sie zur Zwangsarbeit nach Deutschland schicken. Um welche Orte es ging und was sie dort tun sollten, blieb im Dunkeln. Die drohende Emigration war der Grund für Chel und mich, früher als geplant zu heiraten, damit sie die niederländische Nationalität erhielt. Auch ihre Schwester Hella und ihr Verlobter Ab fassten diesen Entschluss. Am 18. Dezember 1941 schlossen wir den Bund fürs Leben. Einige Wochen vor unserer Hochzeit ließen wir, wie es bei verliebten Paaren in jener Zeit Brauch war, bei dem Fotografen Ger Sleurs in der Utrechtsestraat kleine ovale Taschenspiegel mit unseren Fotos auf der Rückseite machen. Wir gelobten, dass wir sie immer bei uns tragen würden.

Jules und Rachel 1941

Da wir bei Chels streng orthodoxen Großeltern wohnen durften, heirateten wir auch noch in der Synagoge in der Rapenburgerstraat. Nach der Choppe gaben wir ein großes Fest, weil es ja das letzte Mal sein konnte, mit Verwandten und Freunden zusammenzutreffen. Um Kuchen anbieten zu können, hatten wir die meisten Gäste gebeten, ihre Brotmarken mitzunehmen. Unwillkürlich ergab sich eine Parallele zu einer Mahlzeit, die zwanzig Jahrhunderte eher stattgefunden hatte.

Für die Juden änderte sich die Lage nun drastisch. Auch viele niederländische Juden erhielten jetzt einen Aufruf, sich bei den Behörden zwecks Arbeitseinsatz zu melden. Auch mir wurde ein solches Formular zugestellt. Ich überlegte, wie ich mich dem Aufruf entziehen konnte. Auf Anraten eines Geschäftsfreundes ging ich zu Dr. Neuberg, einem Internisten in der Teniersstraat. Ich log ihm vor, dass ich oft Magenschmerzen hätte. Er trug mir auf, am nächsten Tag mit einem Glas mit Inhalt zurückzukommen. Dann untersuchte er mich und das Glas. Als er fertig war, sagte er: »Sie haben ein Magengeschwür.« Erschrocken fragte ich: »Doktor, habe ich wirklich ein Magengeschwür?«, worauf er antwortete: »Wenn ich sage, dass Sie ein Magengeschwür haben, dann haben Sie auch eins!« Er gab mir ein Attest für die Behörden mit. Daraufhin wurde ich vom Arbeitseinsatz befreit.

Da sich zu wenige Juden gemeldet hatten, begann die Ordnungspolizei, die wegen der grünen Uniformen »Grüne Polizei« genannt wurde, mit Unterstützung kollaborierender niederländischer Polizisten, Juden nach der Sperrstunde – um acht Uhr abends – anhand von Listen aus ihren Häusern zu holen und in die Joodse Schouwburg in der Plantage Middenlaan zu bringen, die eigentlich Hollandse Schouwburg hieß und schräg gegenüber dem Zoo Artis lag. Wir standen hinter den Gardinen und konnten sehen, wie die Menschen aus ihren Wohnungen geholt wurden. Wer nicht freiwillig mitgehen wollte, wurde zusammengeschlagen. Wir sahen so manche Familie auf diese Weise verschwinden. Wenn die Häscher mit ihrer Beute vorbeikamen, sagten wir uns: »Zum Glück sind wir auch jetzt wieder verschont geblieben.« In jener Zeit versuchte ich, mir über Freunde und Bekannte eine Adresse zum Untertauchen zu beschaffen. Aber das gelang mir nicht, auch nicht bei ehemaligen Kollegen und meinen AJC-Gefährten.

Weil sie Diamantarbeiter waren, hatten meine Eltern und meine Schwester einen Stempel in ihrem Personalausweis, der besagte, dass sie »bis auf weiteres« von der Deportation freigestellt waren – »gesperrt« lautete der offizielle Ausdruck. Auch Chel hatte einen solchen Stempel, weil sie als Näherin an einer der Grachten arbeitete. Ich selbst habe diesen begehrten Stempel nicht bekommen können, weil die Druckerei, die mich einige Wochen nach dem Februarstreik entlassen hatte, als jüdisches Unternehmen nicht für die Wehrmacht arbeitete. Man setzte einen Verwalter ein und warf den alten Herrn Lindenbaum und seinen Sohn auf die Straße.

Mein Schwiegervater, der wie der Rest der Familie eine Sperre hatte, wandte sich an den Judenrat, um auch für mich einen Stempel zu bekommen. Seine Versuche blieben jedoch vergeblich. Nach der Einführung des gelben Sterns musste man auf der Straße ständig auf der Hut sein. Wenn ich die »Grüne Polizei« von weitem sah, ging ich auf die andere Seite, denn im Herbst 1942 hatte man die

Jules spielt Gitarre in der Nieuwe Kerkstraat und arbeitet an einer Druckmaschine

Juden für vogelfrei erklärt, nachdem am 15. Juli desselben Jahres der erste Deportationszug nach Auschwitz gefahren war.

Im Oktober 1942 wurde ich zur Arbeit im Westhaven verpflichtet, der sich damals gerade im Bau befand. Dort musste ich mich mit Schaufel und Schubkarre für die »neue Ordnung« nützlich machen. Weil Juden nicht mehr die Straßenbahn benutzen durften, musste ich mit den anderen zur Arbeit eingesetzten Bewohnern aus dem Viertel durch die Weesperstraat, Jodenbreestraat, Sint Anthoniebreestraat, Gelderse Kade bis hinter den Hauptbahnhof laufen, wo uns ein Boot der Alkmaar Pakket in den Westhaven brachte. Spät abends kehrten wir nach Hause zurück.

Nachdem ich dort drei Tage gearbeitet hatte, fühlte ich mich nicht wohl und blieb zu Hause. An dem Tag wurde gegen Mitternacht in der stillen Manegestraat an unsere Tür gehämmert. Wir lagen schon im Bett. Ich ließ zwei Männer in Zivil herein. Sie hatten Papiere bei sich, in denen stand, dass Jules und Rachel Scheltens, geborene Borzykowski, zum Lloydhotel im östlichen Hafengebiet gebracht werden sollten, wohin man schon am Nachmittag alle Westhafen-arbeiter gebracht hatte. Alle Angaben auf dem Formular wie unsere Geburtsdaten, die Adresse sowie die Tatsache, dass ich nicht zur Arbeit erschienen war, waren korrekt ausgefüllt. Nur der Name Schelvis war versehentlich als Scheltens getippt worden. War das ein Versehen der Stenotypistin? »Nun ja«, sagten die Männer, »wenn ihr zwei nicht die Scheltens seid, die wir suchen, dann haben wir die Verkehrten aus dem Bett geholt. Verzeihung. Schlaft schön weiter.«

Am nächsten Morgen verließen wir Hals über Kopf die Manege-straat, da wir fürchteten, man könne den Fehler bemerken und uns doch noch abholen. Wir zogen ein paar Tage zu Chels Eltern, wo Hella und Ab schon seit ihrer Hochzeit wohnten. Nach einigen Tagen vermittelte uns mein Schwiegervater ein Versteck bei der Tochter seines Freundes Zylberberg, dem Bäcker aus der Weesper-straat. Sie und ihr Mann arbeiteten in der Bäckerei, wodurch sie vorläufig von der Deportation freigestellt waren. Sie durften blei-ben, solange noch jüdisches Brot gebacken werden durfte. Wir wohnten in ihrem Wintergarten in der Ruyschstraat. Wenn Gefahr drohte, krochen wir in den niedrigen Keller. Als Gegenleistung kleb-ten wir die abgelieferten Brotmarken auf die dafür bestimmten For-mulare. An Maanzaadgalles (geflochtenes, mit Mohn bestreutes Weißbrot), einer Spezialität des Bäckers, mangelte es uns nicht.

Einige Wochen später, nach dem Überfall unter der Führung von Gerrit van der Veen auf das Amsterdamer Einwohnermelde-amt, tauchten wir wieder auf.[1] Wir nahmen an, dass unsere Akten vernichtet worden waren, und gingen deshalb mit unseren Stamm-karten einfach wieder Lebensmittelmarken holen. Wir zogen jetzt offiziell zu den Borzykowskis und verdienten uns etwas, indem wir in der großen Küche und im Hinterzimmer Taschen und Portemon-naies aus Kunstleder anfertigten. Chel und ich kauften eine Singer Spezialnähmaschine, auf der wir ohne Probleme Leder nähen konn-ten. Wir nähten auch Ruck- und Brotsäcke für diejenigen, die deportiert wurden. Gretha machte die Feinarbeit an Hosen, die im Atelier ihres Bruders Isaak genäht wurden. Auch David verdiente gelegentlich etwas Geld. Wir hatten immer genug, um uns auch ohne Marken ein Stück Fleisch leisten zu können.

Die Nieuwe Prinsengracht 1942, gegenüber das Altersheim

Trotz der düsteren Aussichten herrschte bei uns zu Hause immer noch eine harmonische Atmosphäre. Das große gelbe Schild mit der Aufschrift »Judenviertel – Joodsche wijk« am Anfang der Nieuwe Kerkstraat berührte uns nicht. Es hatte, so redeten wir uns ein, keine andere Bedeutung als Außenstehende darauf hinzuweisen, dass in diesem Stadtviertel mehr Juden wohnten als in anderen Gegenden. Das Kraftzentrum des häuslichen Lebens war Gretha, die uns Ratschläge gab und Mut machte. Der leicht erregbare David überließ das nur allzu gerne seiner Frau. Für die Kinder und Schwiegersöhne war sie, neben der eigenen Mutter, eine liebe Freundin, mit der man auch über seine intimsten Gefühle und Ängste reden konnte. Sie forderte uns immer wieder dazu auf, mutig zu sein und keinen Defä-

Die Näherinnen von Reinsberg 1942, einige mit »Judenstern«

tismus aufkommen zu lassen. Ihre Devise lautete: Nicht den Mut
verlieren, was sie auch immer für Maßnahmen gegen uns ergreifen. Versuchen, so lange wie möglich in den Niederlanden zu
bleiben. Ein Teil der deutschen Armee befand sich in Russland
doch schon auf dem Rückzug, war in Gefangenschaft geraten
oder bei Stalingrad sogar geschlagen worden, und in Nordafrika
waren die Amerikaner gelandet. Warum sollten die Alliierten
nicht von den Niederlanden aus das Festland erobern? Jeder Tag,
den wir hier aushalten, bringt uns der Befreiung näher. So redete
sie, wenn wir wieder einmal einen Tiefpunkt hatten. Aber sie
beließ es nicht beim Reden, sondern half auch beim Verstecken
jüdischer Babys. Sie tat dieses humane und gefährliche Werk bis
kurz vor ihrer eigenen Deportation in der Gruppe von Walter
Süskind.[2] Einmal hat sie – als wir Wind davon bekamen – darüber gesprochen. Selbstlos wie sie war, verharmloste sie ihren
Beitrag und tat, als spiele sie nur eine untergeordnete Rolle
dabei. Die Zahl der geretteten Kinder, ist schwer zu schätzen.
Sie wissen nicht, dass sie ihr Leben nicht zuletzt Gretha zu
verdanken haben.

Der 26. Mai 1943 wurde ein fataler Tag für uns. Morgens in aller Frühe drangen merkwürdige Klänge aus der Ferne zu uns. Die Stimme aus dem Lautsprecherauto, das in einiger Entfernung durch die noch verlassene Nieuwe Kerkstraat – es war noch Sperrzeit – fuhr, wurde immer deutlicher. Als das Auto die Weesperstraat kreuzte, hörten wir eine Stimme laut und deutlich auf Niederländisch sagen: »Achtung, Achtung. Hier spricht die deutsche Polizei. Hören Sie gut zu. Die gesamte Umgebung ist abgesperrt. Die Brücken sind hochgezogen und überall sind Maschinengewehre aufgestellt. Alle Juden müssen in ihren Häusern bleiben, keiner darf sich auf der Straße blicken lassen. Auf jeden, der gegen diesen Befehl verstößt, wird ohne Vorwarnung geschossen. Alle Juden werden zu Hause abgeholt. Wir werden die Häuser gründlich durchsuchen. Jeder, der sich versteckt, wird ins Konzentrationslager Mauthausen gebracht. Halten Sie sich an unsere Befehle. Sie werden nach Deutschland gebracht, um dort unter Polizeiaufsicht zu arbeiten. Sorgen Sie dafür, dass Ihr Rucksack bereit steht, wenn Sie abgeholt werden. Ich versichere Ihnen, dass Ihnen nichts passieren wird.«

Wir konnten vom Fenster aus sehen, dass die Magere Brücke am Anfang der Nieuwe Kerkstraat hochgezogen war. In der Straße hatten inzwischen Mitglieder der »Grünen Polizei« Posten bezogen. Es sah so aus, als gäbe es kein Entkommen. Wir waren überzeugt, dass die Freistellungsstempel ihre Gültigkeit verloren hatten, die Häuser durchsucht und alle Juden festgenommen würden. Ich dachte noch kurz an die doppelte Mauer im Schlafzimmer, die wir uns vor Monaten von einem zuverlässigen Zimmermann hatten bauen lassen und die mir, dem Einzigen der Familie ohne Sperre, ein paar Mal als Versteck gedient hatte. Man konnte es in dem Zwischenraum jedoch nicht länger als eine Stunde aushalten, weil er keine Belüftung hatte. Um das Versteck nicht ungenutzt zu lassen, hatten wir Kleidung, Bücher und Wertgegenstände hineingestopft, in der Hoffnung, nach dem Krieg alles wieder vorzufinden. Das sollte sich als eine vergebliche Hoffnung erweisen, denn noch am selben Tag lagen die Bücher bereits auf der Straße und eine Nachbarin trug eine Jacke meiner Schwiegermutter. Sobald die Luft rein war, durchsuchten Nachbarn die verlassenen Wohnungen und nahmen alles, was nicht niet- und nagelfest war, mit oder warfen es aus dem Fenster.

Wir verabredeten, dass sich niemand verstecken würde. Wir gingen immer noch davon aus, in Lager geschickt zu werden, die unter Polizeiaufsicht standen, wo die Männer Schwerstarbeit verrichten und die Frauen in Munitionsfabriken arbeiten oder Trümmer in den bombardierten Städten wegräumen würden. Wir würden wenig zu essen bekommen, aber es wäre vermutlich auszuhalten. Wir wussten, dass die Nazis notorische Antisemiten waren, aber wir glaubten, dass sie doch noch nicht ganz bar menschlicher Züge waren. Ja, das glaubten wir damals noch ...

Unsere Rucksäcke waren bereits seit Wochen gepackt, nur noch ein paar Gegenstände des täglichen Gebrauchs kamen hinzu. Jetzt hieß es, auf die »Grüne Polizei« und ihre niederländischen Handlanger zu warten. Mein Schwiegervater versuchte noch, unsere direkten, nichtjüdischen Nachbarn an der Rückfront des Hauses zu sprechen. Mit ihnen hatten wir immer normalen Kontakt gehabt. Er wollte ihnen noch eine letzte Botschaft zukommen lassen und Abschied von ihnen nehmen. Aber ihr Fenster blieb geschlossen. Sie blickten lieber – wie so viele Mitbürger – in die andere Richtung, um nicht mit ansehen zu müssen, wie wehrlose Menschen aus ihrer Wohnung geholt wurden.

Nach Stunden der Spannung begannen die Sirenen des Luftalarms zu heulen. Hunderte englische und amerikanische Flugzeuge flogen wie eine mächtige Armada über die Stadt. Sie zogen lange weiße Streifen am Himmel. Das Abwehrgeschütz feuerte von allen Seiten Granaten ab, die lächerliche kleine schwarze Federn in der Luft verursachten, während die Flugzeuge ungestört ihren Weg fortsetzten. Gerade in diesem Moment sahen wir die verhasste »Grüne Polizei« in großen, schwerfälligen, mit Deckplanen bespannten Lastwagen in die Nieuwe Kerkstraat einbiegen. In ihnen saßen Soldaten auf Bänken, die die Gewehre auf die Straße richteten. Sie kamen aus dem Kolonialinstitut an der Mauritskade, wo sie großzügig untergebracht waren. Etwas später betraten sie Haus für Haus und kamen kurz darauf mit ihrer Beute wieder heraus. Jeder jüdische Mann, jede jüdische Frau und jedes jüdische Kind wurden mitgenommen. Ich darf nicht

Karte des Einwohnermeldeamtes mit dem Vermerk: »1. Juni 1943, Ausland«

Karteikarte, in Westerbork versehen mit dem handschriftlichen Vermerk »auf Transport«

vergessen die Polizisten zu erwähnen, die extra aus Den Haag gekommen waren, um tapfere Hilfestellung bei dieser Aktion zu leisten.

Sie erreichten unser Haus und wir hörten alle Klingeln gleichzeitig läuten. Gretha zog als Reaktion an dem Seil auf dem Treppenabsatz, mit dem die Tür geöffnet wurde. Das war eine sinnlose Handlung, weil das Schloss der Außentür schon seit Jahren kaputt war. Wir hörten sie an die Tür in der zweiten Etage hämmern, wo jedoch niemand öffnete. Die Familie Bles war schon Anfang Mai abgeholt worden, aber das konnten die »Grünen«, die keinen Haftbefehl hatten, nicht wissen. Sie traten die Tür ein, um sich zu vergewissern, dass die Wohnung auch wirklich leer war.

Einer der Männer rannte schnurstracks in die dritte Etage, hämmerte wie ein Verrückter an unsere Tür und stürmte herein. »Ausweise!« brüllte er. »Und bisschen dalli! Ich habe noch mehr zu tun. Ach, ihr seid gesperrt. Ihr wolltet nicht in Deutschland arbeiten? Wir werden euch das Arbeiten schon noch beibringen. Sind noch mehr Juden in der Wohnung?«

Als wir das verneinten, durchsuchte er schnell die Wohnung, fand niemanden und befahl uns, ihm zu folgen. An der Ecke Weesperstraat vor dem Fischgeschäft von Moos van Kleef mussten wir uns sammeln. Als nach Meinung der Ordnungspolizei genug Juden zusammengetrieben waren, wurden wir in geschlossener Formation und unter strenger Bewachung zur Sammelstelle auf dem Jonas Daniël Meyerplein – der damals Houtmarkt hieß – gebracht, wo sich schon viele Juden aus der Umgebung eingefunden hatten. Wir wurden zuerst in der großen Hochdeutschen Synagoge registriert, danach schlossen wir uns der wartenden Menge auf dem Platz an, der hermetisch von der Außenwelt abgeriegelt worden war. Fliehen war unmöglich. Nachdem wir dort stundenlang voller Angst in der stechenden Sonne gestanden hatten, kamen gegen Nachmittag eine Reihe Straßenbahnen mit Fahrern an, die offensichtlich nichts dagegen hatten, uns zum Muiderpoort-Bahnhof zu transportieren. Dort wurden wir grob in den bereitstehenden Zug gestoßen. Nach einer anstrengenden Bahnfahrt kamen wir spät abends im Polizeilichen Durchgangslager Westerbork an, wo wir vom jüdischen Ordnungsdienst und vom niederländischen Grenzschutz empfangen wurden.

Westerbork

Das in der Provinz Drenthe gelegene Westerbork wurde 1939
als Arbeitslosenprojekt auf einer kahlen windigen Ebene
gebaut und diente als Zentrales Flüchtlingslager für Juden,
die aus politischen Gründen aus Deutschland und Österreich
geflüchtet waren. Im Sommer 1941 wurde es unter Aufsicht der SS
zum Sammel- und Durchgangslager für Juden, die man von dort
»zwecks Arbeitseinsatz in den Osten« abtransportierte. Dieser Ausdruck war in jenen Tagen ein vager, aber Unheil verkündender
Begriff. Man stellte sich dabei Arbeit in Deutschland oder Polen
vor, in Fabriken, auf dem Land, man dachte an das Trümmerräumen
in bombardierten Städten oder den Straßenbau. Und nun standen
wir also selbst am 25. Mai 1943 dort und warteten trotz der späten
Stunde darauf, dass man das Eingangstor öffnete. Wir wurden,
erschöpft von den Strapazen mit Sack und Pack in die so genannte
Registratur gebracht, die sich in einer großen Baracke befand, wo
wir an unzähligen Tischen von Funktionären und Schreibkräften
des Judenrates ins Lagerregister eingetragen wurden. Als wir das
nach einigen Stunden hinter uns hatten, mussten wir eine
Leibesvisitation – man suchte nach Geld und Schmuck – von nazi-
freundlichen Angestellten des ehemals jüdischen Bankhauses Lipp-
mann-Rosenthal & Co. über uns ergehen lassen, um anschließend
von (Pseudo-)Ärzten auf Ungeziefer kontrolliert zu werden. Spät in
der Nacht wurden wir in eine Baracke verwiesen, wo wir nach den
Schrecken dieses Tages endlich einigermaßen zu uns kommen
konnten.

Es war eine große Baracke, in der nur Stockbetten standen, so
dass sie nicht für einen längeren Aufenthalt geeignet war. Es gab
auch keine Möglichkeit, ein paar Sachen wegzuräumen, so dass

Das Durchgangslager Westerbork

man seine Besitztümer immer im Auge behalten musste. Die ganze Familie war beisammen, weil man Männer und Frauen nicht getrennt hatte. Wir suchten uns Pritschen, die nahe beieinander lagen. An der Schmalseite der Baracke war ein kleiner Waschraum abgetrennt, in dem sich eine einzige Toilette für hunderte Neuankömmlinge befand. Innerhalb kurzer Zeit herrschte hier das Chaos. Wir mussten mit allem vorlieb nehmen; gestern noch Herr über Hab und Gut in der Nieuwe Kerkstraat, heute Gefangener in Westerbork, aller Dinge beraubt und einem feindlichen Regime unterworfen. Um uns auf den bevorstehenden Tag vorzubereiten, versuchten wir auf den mit Stroh bedeckten Pritschen unter den Decken zu schlafen, die wir von zu Hause mitgenommen hatten. Wir sind sechs Tage in Westerbork geblieben, über denen ständig die Drohung hing, »auf Transport« geschickt zu werden.

Als wir am Dienstag, dem 1. Juni 1943, in der von Gestank erfüllten Baracke aufwachten, setzte in Westerbork die Morgendämmerung ein. Auch nach sechs Nächten in dieser Umgebung war es ein seltsames Gefühl, unter so vielen Unbekannten zu erwachen. An richtigen Schlaf war in jener Nacht nicht zu denken gewesen, weil wir wussten, dass dienstags die Transporte zusammengestellt wurden und losfuhren. Bis zum Vortag herrschten Gedränge und Betriebsamkeit in den Baracken und draußen, denn auch in Westerbork ging das Leben weiter: Man diskutierte, stritt und beschimpfte sich, war von weinenden Kindern umgeben, versuchte seine Unterwäsche zu waschen, Postkarten zu schreiben und anderen zuzuhören, deren Geschichten ja Anhaltspunkte für einen möglichen Aufschub enthalten konnten. Und jeden Tag suchte man gehetzt nach Bekannten, um zu erfahren, an wen oder an welche Behörde man sich wenden musste, um nicht deportiert zu werden.

Wir wussten, dass wir zur Kategorie der Transportfähigen gehörten, jetzt, da nach der großen Zentrumsrazzia mehr als 3.000 Juden im Lager angekommen waren, das dadurch überfüllt war. Es lag auf der Hand, dass wir für die Juden, die noch nachkommen würden, Platz machen mussten. Wir begriffen, dass wir also so schnell wie möglich »nach Osten abgeschoben werden mussten«, wie das im deutschen Jargon hieß. Der Fluch der Deportation hing andauernd über uns. Es war uns nicht gelungen, auch nur einen einzigen Kontakt zu finden, der auch nur das Geringste für uns hätte tun können, so dass wir damit rechnen mussten, beim nächsten Transport dabei zu sein.

Da die jüdischen Lagerärzte in dem verhältnismäßig großen Krankenhaus wenigsten etwas Macht hatten, wurden sie mit Bitten um Aufschub überschüttet. Sie waren befugt, Atteste auszustellen, so dass jemand wegen Krankheit zurückgestellt werden konnte, wenn er medizinisch gesehen nicht transportfähig war. Aber es war verständlich, dass man – angesichts der zahllosen Menschen mit dieser Bitte – schon besondere Beziehungen und Argumente haben musste, um eine solche heiß begehrte Erklärung zu bekommen. Nicht jeder war sich darüber bewusst, dass für jede Freistellung jemand anders deportiert werden würde, denn die Zahl, die von Eichmann und Konsorten in Berlin festgelegt worden war, musste erfüllt werden. Daran konnten auch die Ärzte nichts ändern, die dafür sorgten, dass einige – sei es auch nur für kurze Zeit – Aufschub erhalten konnten.

Aus der besonders aktiven Gerüchteküche wussten wir, dass der bevorstehende Transport größer werden sollte als das in Westerbork bisher üblich war. Um am 1. Juni die Norm von 3.000 erfüllen zu können, wurden die meisten Gesuche um Aufschub abgelehnt. Bis auf einige wenige Privilegierte konnte jeder in der Baracke zum Transport eingeteilt werden. Wider besseren Wissens gaben einige die Hoffnung nicht auf, dass ihre Namen während des Vorlesens nicht genannt werden würden, denn jede Woche Aufschub zählte. Es wäre doch denkbar, dass in nicht allzu langer Zeit in den wasserreichen Niederlanden mit ihrer langen Küstenlinie und dem IJsselmeer eine alliierte Invasion stattfinden würde. Die Chance, nicht deportiert zu werden, war jedoch klein.

Aus der Baracke hörten wir von weitem das Pfeifen einer Lokomotive. Der Maschinist schien ungeduldig geworden zu sein. In dem Moment trat der Barackenführer nach vorn. Das Stimmengewirr verstummte, als er Stille gebot und anfing, die Namen vorzulesen. Wir hofften immer noch auf ein Wunder. Vielleicht würden sie uns doch irgendwie vergessen?

Atemlos hörten wir die Namen, die mit dem ersten Buchstaben des Alphabets begannen. Wir spitzten die Ohren, als das B an die Reihe kam: Bambergen, Barends, Benjamins und dann hörte ich den Namen Borzykowski. Der erklang dreimal hintereinander für David, Gretha und Herman. Als ich die Namen hörte, überlief es mich kalt und mein Atem stockte. Das Schicksal meiner Schwiegereltern und meines kleinen Schwagers Herman war besiegelt. Gespannt wartete ich auf den Moment, in dem die Namen mit dem Buchstaben S an der Reihe waren. Nach einiger Zeit hörte ich sie; Schelvis Jules, Schelvis-Borzykowski Rachel, Stodel Abraham, Stodel-Borzykowski Hella. Nachdem Hellas Name erklungen war, fassten wir uns an den Händen. Ein Gefühl der Ergebenheit überkam uns, weil nun endgültig feststand, dass wir zusammenbleiben würden. So hatten wir es gewollt. Der Moment war gekommen, dass wir zusammen gen Osten abfahren würden. Jeder von uns konnte dem anderen eine Stütze sein. Zum Glück waren wir gesund und konnten einiges ertragen. David und Gretha waren um die fünfzig, energisch und gescheit genug, um sich unter schwierigen Bedingungen über Wasser zu halten. Wir Kinder kamen aus der Jugendbewegung, waren daran gewöhnt, in Zelten zu schlafen und ein karges Leben zu führen. Wir hatten gelernt, unser eigenes Essen zuzubereiten und mit Nadel und Faden umzugehen. Was konnte uns schon passieren? Von harter Arbeit stirbt man nicht, und dass gearbeitet werden musste, wussten wir aus Briefen, die aus Auschwitz gekommen waren: kurz, mit nichtssagendem Inhalt. Aber wichtiger war, dass die Absender überhaupt in der Lage waren, einen Bericht nach Hause oder an den Judenrat zu schreiben, in dem sie mitteilten, dass sie arbeiteten. Vielleicht hatten wir ja Glück und konnten in wenigen Tagen unsere Familienmitglieder und Freunde treffen, die schon früher abgefahren waren. Auschwitz lag in Schlesien, wo es jetzt zwar ziemlich heiß sein würde, aber doch zum Aushalten. Im Winter könnte es kalt werden, aber da wir warme Kleidung mitgenommen hatten, brauchte das kein Problem zu sein. So redeten wir uns gegenseitig Mut zu. Wir nahmen uns vor, uns nicht entmutigen zu lassen. Natürlich wussten wir nicht, was uns genau erwartete. So viele Berichte waren nicht angekommen. Wir würden versuchen, möglichst lange beieinander zu bleiben, um den Krieg gemeinsam zu überleben.

Als der Barackenführer die letzten Namen vorgelesen hatte, teilte er mit, alle Aufgerufenen sollten sich zum Transport fertig machen. Jeder tat das auf seine Weise. Der eine packte gefasst seine Besitztümer zusammen, während der andere weinte, weil sein Kind, das aus unerfindlichen Gründen nicht auf der Liste stand, zurückbleiben musste. Wieder ein anderer jammerte, weil Familienfotos in einem Päckchen unterwegs, aber noch nicht angekommen waren. Oder man regte sich über Sachen auf, die völlig unwichtig waren.

In den engen Gängen zwischen den in drei Etagen aufgestapelten Pritschen stießen die Menschen mit ihrem Gepäck andauernd gegeneinander, was zu Streitereien führte. Manche liefen ratlos herum, andere beteten oder riefen nach einem Arzt. Wir behielten zum Glück einen kühlen Kopf und verteilten die übrig gebliebenen Esswaren unter uns. Nun füllten wir zum letzten Mal unsere selbst gemachten Rucksäcke, und zwar auf eine schon früher bewährte Art und Weise: weiche Sommer- und Winterkleidung gegen die Rückseite, eine Feldflasche mit Wasser und ein paar Extraschuhe in die breiten Seitenfächer und oben auf den Rucksack unter der Schnalle eine zusammengerollte Wolldecke. Und dann die Lebensmittel, die wir unterwegs und bei der Ankunft verzehren würden. In einer separaten Blechdose hatte ich meine Papiere und ein paar Aspirin aufbewahrt. Meine schöne spanische Gitarre, die ich im letzten Moment noch von zu Hause mitgenommen hatte, musste auch mit.

Der 1. Juni 1943 war ein trüber Tag. Als wir die Baracke 58 verließen, ging mir durch den Kopf, dass in Amsterdam jetzt alles seinen gewohnten Gang gehen würde. Die Straßenbahnen auf dem Muntplein fuhren quietschend um die Kurve. Das früher einmal so vertraute Glockenspiel des Munttoren war nicht mehr zu hören, weil die Deutschen die Bronzeglocken beschlagnahmt hatten. Entlang der Kade an der Singel, vor dem Carlton Hotel, wo die Luftwaffe ihr Hauptquartier hatte, hatten die Schuten mit ihren bunten Blumen angelegt. Die Bürger von Amsterdam waren an jenem Morgen wie gewöhnlich fleißig bei der Arbeit.

Auf dem Weg zum Zug fielen mir Rucksäcke auf, die mir irgendwie bekannt vorkamen; es waren Produkte unserer eigenen Arbeit. Ich sah mich in Gedanken wieder beim Bedrucken der aufgestickten Leinenetiketten mit dem Namen des Trägers, seinem oder ihrem Geburtsdatum und dem Wort Holland in extra großen Buchstaben. Vor nicht allzu langer Zeit hatte ich bei Lindenbaum auf weiße Taschentücher Namen drucken lassen. So entstanden Streifen, die man in die Kleidungsstücke nähen konnte, um sie leichter wiederzufinden. Wir machten Rucksäcke höchster Güte, die jahrelang hielten. Für uns selbst hatten wir von einem Fachmann hohe Rindslederschuhe mit extra dicken Sohlen und Absätzen anfertigen lassen, die uns gute Dienste erweisen sollten. Jetzt gingen wir selbst mit unseren Brot- und Rucksäcken und in neuen Schuhen zum bereitstehenden Zug. Vor und hinter uns gingen Menschen, mit denen wir in den nächsten Tagen unser Schicksal teilen mussten. Direkt vor uns befand sich ein junges Paar, das schweigend einen Kinderwagen mit einem weinenden Baby vorwärts schob. Hinter uns humpelten zwei gebrechliche alte Menschen, die von Mitgliedern der Westerborker »Fliegenden Kolonne« gestützt wurden. Zum Glück mussten sie ihr Gepäck nicht selbst tragen.

Als ich sie sah, musste ich an Oma und Opa Stroz in der Manegestraat denken, Chels Großeltern, bei denen wir nach unserer

Hochzeit einige Zeit zur Untermiete gewohnt hatten. Anfang der zwanziger Jahre waren sie ihren Kindern aus Polen gefolgt und hatten sich ebenfalls in Amsterdam niedergelassen. Nachbarn hatten gesehen, wie sie in der engen Manegestraat abends nach der Sperrstunde aus ihrem Haus geholt wurden. Am nächsten Tag hörten wir, dass Opa noch seinen Gebetsmantel hatte mitnehmen wollen, aber seine Wohnung nicht noch einmal betreten durfte. Was wohl in ihm vorgegangen sein mochte, diesem frommen Mann, der sich mehrere Male am Tag nach einem jahrhundertealten Ritual an den Allmächtigen wandte. Was hatten diese lieben Menschen verbrochen, um dies alles auf ihre alten Tage mitmachen zu müssen? Sie wurden mit roher Gewalt in ihr Geburtsland, nach Polen, zurückgeschickt, das sie zutiefst verachteten.

Auch musste ich an meinen Großvater Levie denken, der inzwischen auch deportiert worden war. Tante Fietje, die noch bei ihm wohnte, teilte meinem Vater mit, dass er sich nach einem Aufruf der Zentralstelle beim Auffangzentrum am Polderweg gemeldet hatte. Er war schon über siebzig, las Philosophen wie Schopenhauer und Nietzsche, Bücher, in die ich hin und wieder bei ihm hineingeschaut hatte, die ich jedoch nicht verstand. Ich weiß nicht, ob ihm sein Wissen Kraft verliehen hat. Ich habe mich später oft gefragt, warum er freiwillig zum Polderweg gegangen war, statt sich von den Deutschen abholen zu lassen.

Auf dem kurzen Weg von der Baracke zum Zug wird sich jeder seine eigenen Gedanken gemacht haben. Ich ging Hand in Hand mit Chel und kniff sie hin und wieder in den Arm, um zu sehen, ob ich nicht vielleicht doch träumte. Ich stellte mir vor, dass diese Szene für einen tragikomischen Film aufgenommen wurde, in dem wir – vor dem Zug im Hintergrund – als Komparsen auftraten. Die Gitarre auf meinem Rücken passte jedoch nicht in diese Szene. Der unsichtbare Regisseur hatte das Instrument wahrscheinlich nicht bemerkt, sonst hätte er wohl den Befehl gegeben, es aus dem Bild zu halten. Ich war froh, dass ich sie bei mir trug, trotz der Unannehmlichkeiten, die ich hatte, weil sie immer an meinem Rucksack baumelte. Ich dachte, dass uns bei der Zwangsarbeit in Polen ein Lied nach getaner Arbeit aufheitern würde. In Gedanken sah ich mich schon an einem Lagerfeuer Gitarre spielen. Es war zwar nicht so ein Lagerfeuer wie bei den Wasserfreunden und beim AJC, aber dennoch eine Art Feuer, um das sich die Häftlinge scharten. Vielleicht hatten andere ja ihre Blockflöten mitgenommen.

Die Film-Illusion verflog schnell. Anstatt nach der Aufnahme nach Hause gehen zu dürfen, wurden wir von Leuten der »Fliegenden Kolonne« in einen Waggon dirigiert. Weil alles ziemlich ruhig und ordentlich verlief, nahm ich mir Zeit, die endlose Reihe Güterwaggons anzuschauen. Als ich als Kind in der Retiefstraat wohnte, in der Nähe des Rangierbahnhofs, hatte ich hunderte Züge vorbeifahren sehen. Wenn sich die Gelegenheit bot, kletterte ich nach der Überführung an der Maritzstraat über den Zaun und kroch dann schon einmal in einen solchen Viehwagen. Ich hoffte immer, dort einen Schatz zu finden, aber es blieb bei Pferdeäpfeln. Mir wäre niemals der Gedanke gekommen, dass ich selbst eines Tages in einem solchen Waggon sitzen und wie Vieh behandelt werden würde. Der Zug am Boulevard des Misères, wie die Schienen und der daneben liegende Lagerweg genannt wurden, war unvorstellbar lang.

Bevor ich in einen der Viehwagen einstieg, versuchte ich noch, einen Blick auf die Lokomotive zu erhaschen, die aber so weit weg war, dass sie sich in nichts aufgelöst zu haben schien. Unserem Waggon hatte man einen Güterwagen voller Lebensmittel angehängt, die, wie sich später herausstellte, nicht für uns, sondern für das begleitende Wachpersonal bestimmt waren. Ein Personenwagen schloss den Zug ab. In meiner Naivität dachte ich noch, er sei für die Kranken bestimmt, während auch er für die Soldaten gedacht war, die uns auf der Fahrt bewachten.

Den Eltern des Babys fiel es natürlich schwer, den Kinderwagen in den Waggon zu bekommen. Auch Kinder, Kranke, ältere Leute und Gehbehinderte hatten Probleme beim Einsteigen. Als der Kinderwagen eingeladen war, kamen wir an die Reihe. In dem Moment wurden zwei Tonnen auf einer Schubkarre herantransportiert. Die eine enthielt Trinkwasser, die andere war leer. Sie war für unsere Notdurft bestimmt. Jedes Kind konnte sehen, dass die eine Tonne für so viele Menschen nicht ausreichen konnte.

Güter- und Viehwaggons gibt es in verschiedenen Ausführungen. Der, in dem wir saßen, hatte – wahrscheinlich weil er der letzte war – ein erhöhtes und verbreitetes Bremshäuschen an der Rückseite, zu dem man nur über eine Tür und eine Treppe an der Außenseite gelangen konnte. Durch die kleinen Fenster, die über den Waggon hinausragten, hatten die Bewacher an allen Seiten gute Aussicht. Es war unverkennbar, dass man mit Fluchtversuchen rechnete.

In dem Waggon fehlte jede Art von Komfort. Er war nicht im Geringsten für Menschen eingerichtet, die lange unterwegs sein würden. Es lag kein Stroh auf dem Boden, es gab keine Matratzen, keine Haken, an denen man etwas hätte aufhängen können, nichts. Wir waren noch weniger als Vieh, denn für Pferde und Kühe gab es normalerweise noch Ringe an der Wand. Aber auch die hatte man herausgerissen.

Die SS-Männer in Westerbork, die an die täglichen Transporte gewöhnt waren, schauten unbeteiligt und gelangweilt zu, wie die ganze Operation verlief. Alles ging so reibungslos vor sich, wie sie es sich nur wünschen konnten. Sie brauchten sich die Hände nicht schmutzig zu machen. Die Vertreter des »Herrenvolks« trugen glänzende Stiefel und kümmerten sich nicht weiter um uns. Der Hund des Kommandanten, SS-Obersturmführer Albert Konrad Gemmeker[3], interessierte sie mehr. Die jüdische Lagerleitung, an deren Spitze der österreichische Emigrant Kurt Schlesinger stand, hatte die Aufgabe, die Operation möglichst reibungslos verlaufen zu lassen. Wenn er und seine Mitarbeiter sich geweigert hätten, hätte die SS das selbst übernommen und uns wäre es noch schlechter ergangen. Es lag also zum großen Teil in unserem eigenen Interesse, dass an der Ausführung nichts auszusetzen war.

Als der Waggon, in dem wir saßen, schon mehr als zur Hälfte gefüllt war, stand noch eine Gruppe Personen draußen. Ich konnte mir nicht vorstellen, wie die vielen Leute mit ihrem Gepäck noch hineinpassen sollten, wurde aber eines Besseren belehrt. Die Männer vom Ordnungsdienst und die »Fliegende Kolonne« hatten im Lauf der Zeit Erfahrung mit solchen Dingen erworben. Sie fingen an zu schieben und zu zerren und forderten uns auf, mehr zusammenzurücken.

Als man schließlich mit großer Mühe alle verstaut hatte, wurden die Schiebetüren von außen mit Haken verriegelt. Nachdem sich die Menschen ein bisschen beruhigt hatten, musste einer von uns durchzählen. Es stellte sich heraus, dass unser Waggon 62 Personen und einen Kinderwagen enthielt. Diese Zahl schrieb der Ordnungsdienst außen auf den Waggon. Wir standen mit unseren Habseligkeiten wie Sardinen in der Büchse. Platz zum Hinsetzen oder um die Beine auszustrecken, gab es kaum. Wenn man überhaupt liegen oder sitzen konnte, dann auf dem nackten Boden.

An den beiden Längsseiten des Waggons befand sich ein kleines Fenster ohne Glas, an der Außenseite waren Eisengitter. Man konnte den Kopf nicht hindurchstecken, aber hinausschauen, wenn man sich auf die Zehenspitzen stellte. So bekamen wir etwas frische Luft und konnten unterwegs feststellen, durch welche Orte wir fuhren.

Das große Problem war, wie man den Platz am besten nutzen konnte. Wenn alle mitmachten, konnten sich die Kranken ein wenig hinlegen, während andere stehen mussten. Der Kinderwagen und die Tonnen nahmen auch viel Platz in Beschlag. Wenn jemand auf die Tonne gehen wollte, mussten die anderen noch weiter zusammenrücken. Noch vor der Abfahrt des Zuges wurde die Tonne bereits häufig benutzt. Wir hatten vereinbart, ein Tuch vor denjenigen zu halten, der seine Notdurft verrichtete, damit man nicht so auf dem Präsentierteller sitzen musste. Anfangs hielt man sich daran. Danach verloren die meisten ihre Scham. Schon bald verbreitete sich ein ekelhafter Geruch im Waggon. Die Tonne reichte, wie erwartet, nicht lange.

Am 1. Juni, morgens um halb elf, als ein Händler an der Singelgracht in Amsterdam gerade einem Passanten einen Strauß Blumen verkaufte, erklang in Westerbork das schrille Pfeifen der Lokomotive, an die ungefähr 50 Güterwaggons angehängt waren, mit denen für uns die Fahrt ins Ungewisse begann. Die Lagerverwaltung ging davon aus, dass die Fahrt in Auschwitz enden würde, denn auf den Karteikarten stand: Tr. 1-6-43, naar Auschwitz (lijst Wbk) B.

In diesem Zug befanden sich 3.006 Personen, darunter 1.147 Männer, 1.354 Frauen und 505 Kinder, wie das Statistische Büro in Westerbork genau vermerkt hatte.[4]

Das alltägliche Leben kam nicht einen Moment zum Erliegen, als der Zug abfuhr. Unser Land, das einmal 140.000 jüdische Bürger hatte, das Zufluchtsort für Verfolgte und Unterdrückte gewesen war, hatte gelassen mit angesehen, wie seine Mitbürger verschwanden. Auf den Karten des Einwohnermeldeamtes der Gemeinde Westerbork wurde euphemistisch vermerkt: 1. Juni 1943 Ausland.

Der Zug

Als sich die Lokomotive in Bewegung setzte, löste das einen Schock bei uns aus. Erst jetzt wurde uns bewusst, dass wir wie die Ratten in der Falle saßen, in einem Viehwaggon auf dem Weg nach Polen; dass nicht nur unser Durchhaltevermögen auf die Probe gestellt werden würde, sondern dass wir unter den gegebenen Umständen auch Toleranz für einander aufbringen mussten.

Sobald wir Westerbork hinter uns gelassen hatten, stritten wir uns darüber, wer bei dem kleinen Fenster stehen durfte. Es war ein begehrter Platz, weil man kurz dem Gestank entkommen und das Grün der Felder und die Menschen im Freien sehen konnte. Man einigte sich darauf, dass alle, die das wollten, abwechselnd eine Weile ans Fenster durften. Wir vereinbarten, dass beim Vorbeifahren

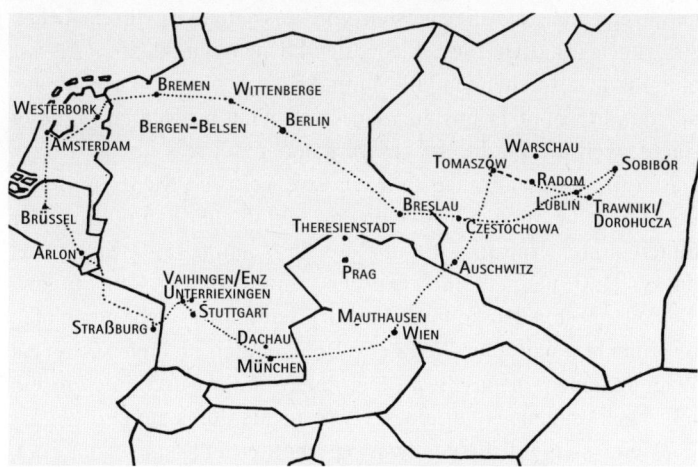

Die Stationen der »Reise durch die Finsternis« von Jules Schelvis

an einem Bahnhof der Ortsname genannt werden sollte, damit wir wussten, wo wir uns befanden.

Über Assen und Groningen erreichten wir die niederländisch-deutsche Grenze bei Nieuweschans. Mit einem unbestimmten Gefühl nahmen wir innerlich Abschied von unserem Land. Die Frage war, wann wir wieder zurückkommen würden. Es ist traurig, dass die Niederlande uns nicht beschützen und vor der Deportation behüten konnte. Im Widerspruch zu allen europäischen Verträgen waren wir jetzt einem gnadenlosen Feind ausgeliefert.

Kurz vor Bremen war ich an der Reihe, am Fenster zu stehen. Ich konnte den anderen berichten, dass in der Stadt und ihrer Umgebung viele Fabriken und Häuser in Schutt und Asche gelegt waren. Trotz des Leids und der Trauer, die dort sicherlich herrschten, gab es mir ein Gefühl der Genugtuung, dass die deutsche Bevölkerung, die scharenweise hinter Hitler und seinen Ideen stand, die Schrecken von Tod und Verderben nun am eigenen Leib erfuhr. Ich habe gesehen, was englische Bombenflugzeuge angerichtet hatten. Es ging um mehr als nur ein paar tote Kühe auf einer Weide, wie das Oberkommando der Wehrmacht uns weismachen wollte.

In der ersten Nacht stand der Zug in der Umgebung von Wittenberge lange still. Wir waren ungefähr 400 Kilometer gefahren, mehr als die meisten von uns jemals in ihrem Leben zurückgelegt hatten. Die Schiebetüren blieben verschlossen. Als wir einen Wache stehenden SS-Mann fragten, ob wir kurz hinaus dürften, herrschte er uns an. Wir haben nicht geschlafen in dieser Nacht, weil die Eindrücke des vergangenen Tages noch zu stark waren. Im Morgengrauen fuhr der Zug weiter in Richtung Berlin und einige wurden nun doch vom Schlaf übermannt, trotz der ungewohnten Haltung, die uns der Platzmangel aufzwang. Chel hatte sich in meine Arme gekuschelt, damit sie ein paar Stunden die Augen schließen konnte. Auch ich hatte noch nicht geschlafen und nickte nach einer Weile ein. Die wenigen kleinen Kinder im Waggon machten das Beste aus der Situation und spielten ein bisschen zusammen. Nur gut, dass sie nichts Böses ahnten.

Meine stets hilfsbereite Schwiegermutter half der jungen Frau, das Baby zu wickeln. Bis kurz vor ihrer eigenen Deportation hatte sie mitgeholfen, Babys zu verstecken. Jetzt war sie selbst mit so einem hilflosen Wesen auf dem Weg zu einem großen unbekannten Ziel, vor dem sie andere hatte bewahren wollen. Mein Schwiegervater David starrte trübsinnig vor sich hin. Ohne die fortwährende Sorge seiner Frau war er hilflos. Ab und Hella hatten sich etwas abgesondert, weil sie offenbar vieles miteinander besprechen wollten. Und Herman, unser Benjamin, weinte nur. Er war untröstlich. Man konnte nicht erkennen, was in diesem lieben Jungen, der im AJC gelernt hatte zu singen *Der Mensch ist gut*, vor sich ging.

Nachdem wir den ganzen Tag gefahren waren, hielten wir lange in Berlin-Spandau. Wie so oft, wenn der Zug still stand, gingen auch jetzt wieder Eisenbahnarbeiter mit langen Hämmern an den Waggons entlang und schlugen gegen die Achsen und Räder. Sie widmeten sich mit großer Aufmerksamkeit dem Material, denn die Achsen durften nicht blockieren. Um die 3.006 Juden kümmerte man sich nicht. Einer der Arbeiter fragte neugierig, wer wir wären und wo wir hinfahren würden. Auf seine letzte Frage mussten wir ihm die Antwort schuldig bleiben.

Es war inzwischen Donnerstag, der dritte Tag der Reise. In der nächtlichen Finsternis nahm unsere Gereiztheit zu, weil man nachts nicht nach draußen schauen konnte, denn ganz Deutschland war verdunkelt. Wir konnten den spärlicher beleuchteten Namen des Bahnhofs lesen, an dem wir vorbeifuhren, und Schilder mit dem Text: »Räder müssen rollen für den Sieg«. Wenn ich das richtig verstand, sollte also der Zug, in dem wir fuhren, die Deutschen näher zum Sieg bringen. Das unaufhörliche Donnern der eisernen Räder und das Überqueren von Weichen machte uns nervös. Wir wurden immerzu geschüttelt und gerüttelt. Man musste aufpassen, dass man nicht ständig das Gleichgewicht verlor. In den Kurven fiel man übereinander. In dieser Situation der permanten Anspannung war es unmöglich, noch klar zu denken. Dennoch versuchten wir uns vorzustellen, was uns wohl erwarten würde. Wir hatten dabei immer das Bild von Westerbork vor Augen, obwohl wir dort nur sechs Tage verbracht hatten. So ungefähr würde ein Lager wohl aussehen und funktionieren, mit dem Unterschied, dass Westerbork ein Durchgangslager und Polen Endstation war. Die Regeln würden dort zweifellos strenger und die Leitung brutaler sein. Wir gingen davon aus, dass es dort zahllose Baracken geben würde, in denen wir arbeiten mussten: Uniformen und andere militärische Ausrüstungsstücke anfertigen, Schuhe und Stiefel reparieren und noch einiges mehr. Aber wenn das so war, warum hatten sie uns dann nicht in den Niederlanden arbeiten lassen? Befanden sich die Fabriken in Polen vielleicht außerhalb des Aktionsradius der alliierten Bombenangriffe? Oder sollten wir vielleicht beim Straßenbau und beim Räumen von Trümmerschutt helfen? Wir fanden immer neue Argumente, warum uns die Deutschen ausgerechnet in Polen einsetzen wollten. Dachten wir dabei auch daran, was mit den Kranken und Alten geschehen würde? Dieses Problem wollten wir lieber nicht behandeln, weil wir darauf keine klare Antwort hatten. Und wenn wir eine hatten, dann stellten wir uns so etwas wie Kartoffeln schälen oder andere einfache Arbeiten vor.

Die vom Schicksal zusammengewürfelten Menschen hatten so lange wie möglich versucht, einigermaßen freundlich zueinander zu sein. Aber das hielt nicht lange an. Ohne Anlass entstanden Zank und Streit, die wahrscheinlich dadurch ausgelöst wurden, dass es keine Möglichkeit zur Flucht und keine Lebensmittel gab. Die meisten hatten kein Brot mehr, und es wurde kein neues ausgeteilt. Man musste mit dem eigenen Proviant auskommen.

Chel und ich hatten, wie die anderen wahrscheinlich auch, andauernd so ein Ziehen im Bauch, wie man es beim Zahnarzt auf dem Behandlungsstuhl hat. Die Unsicherheit beherrschte alles. Man konnte sich nicht davon befreien. Man konnte nicht einmal an andere Dinge denken, denn dafür war kein Platz. Was uns am meisten zu schaffen machte, war die Erniedrigung, der wir ausgesetzt waren. Völlig wehrlos zu sein, nichts unternehmen zu können, um der Situation, in der wir uns befanden, eine andere Wendung zu geben. Wir fragten uns, ob denn niemand in der Lage war, etwas gegen das Wegführen unschuldiger Menschen zu unternehmen. Wie konnte die Welt es zulassen, dass man uns, ehrbare Bürger aus einem zivilisierten Land, mit einem rechtschaffenen Lebenswandel, wie Abschaum behandelte? Was taten die Völker Europas und Amerikas, was taten die Gläubigen anderer Religionen für uns? Vielleicht beteten sie ja für uns?

Am Donnerstag erreichten wir die polnische Grenze. Dass wir nun in Polen waren, konnte man an nichts anderem sehen als an den fremden Ortsnamen. Wir fuhren durch Częstochowa, die Stadt, in der Gretha geboren war. Die Soldaten, die uns begleiteten, gehörten zur Ordnungspolizei und zur SS. Sie hatten andere Aufgaben als die an der Front kämpfenden Dienstpflichtigen. Die SS-Männer waren Hitlers Elitetruppe, eine Klasse für sich. Wen oder was sollte diese Schutzstaffel beschützen? Uns jedenfalls nicht. Sie waren die Letzten, die wir uns zu unserem Schutz wünschten. Für uns war die SS gleichbedeutend mit Brutalität, Gewalt, Vergewaltigung und äußerster Grausamkeit. Und ausgerechnet ihnen waren wir ausgeliefert.

Częstochowa liegt ungefähr 100 Kilometer von Auschwitz entfernt, also näherte sich der Moment, in dem wir unser Ziel erreichen sollten. Wir würden bei Einbruch der Dunkelheit ankommen. Es wurde still im Eisenbahnwaggon. Trotz der erlittenen Strapazen hätten wir es lieber gehabt, wenn die Reise noch etwas länger gedauert hätte, weil wir, je mehr wir uns dem Ende näherten, die Ankunft hinauszögern wollten. Ich sagte zu Chel: »Bereite dich auf das Schlimmste vor, denn viel Gutes werden sie nicht im Schilde führen.« Sie gab keine Antwort. Was hätte sie auch sagen sollen? Man konnte sich doch nicht darauf vorbereiten. Sie lachte leise und sagte: »Weißt du, dass du einen Bart hast? Du siehst aus wie ein Rabbi.«

Ich hatte natürlich bemerkt, dass die Männer um mich herum sich nicht hatten rasieren können, aber ich dachte dabei nicht an mich selbst. Jeder hatte sich in Westerbork zum letzten Mal gewaschen und die Männer hatten sich rasiert. Jetzt zeigte sich, dass man sich innerhalb von drei Tagen in einen Landstreicher verwandeln konnte. Nicht nur, dass man unangenehm roch, weil man sich schon so lange nicht mehr gewaschen hatte, man hatte auch einen Stoppelbart und wirres Haar bekommen. Täglich hatte das Naziblatt *Der Stürmer* den Prototypen des Juden abgebildet, einen Mann mit einer großen krummen Nase, einem Fressbauch, auf dem eine große Goldkette baumelte, und einer dicken Zigarre im Mund. Jahrelang hatte der Herausgeber Julius Streicher Karikaturen aus uns gemacht: So sieht ein Jude aus. Die Bewohner von so manchem deutschen Dorf oder Städtchen waren noch nie einem Juden begegnet. Ob sie sich beim Betrachten dieser Kreaturen wohl einmal gefragt haben, ob die Juden wirklich so aussehen? Hätten sie uns jetzt sehen können, dann hätten sie gesagt, *Der Stürmer* habe etwas übertrieben.

Nachdem wir Częstochowa hinter uns gelassen hatten, merkten wir, dass wir weiter nach Osten fuhren. Das bedeutete, dass nicht Auschwitz die Endstation werden würde. Wohin fuhren wir dann? Unsere Kenntnis der Lager reichte nicht weiter als Schlesien.

Später am Tag fuhren wir durch Kielce, eine Stadt, die David und Gretha noch aus ihrer Jugend kannten. Die anderen hatten von diesem Ort noch nie gehört. Abends hielt der Zug noch einige Male. Wir konnten uns nicht gut orientieren, weil es dunkel war. Tief in der Nacht, es war mittlerweile schon Freitag, fuhren wir an Lublin vorbei. Da fiel mir auf, dass nicht weit von mir ein frommer Mann fast pausenlos betete. Ich hatte keine Ahnung, wie lange er das schon tat, obwohl wir schon 65 Stunden zusammen in dem Waggon gesessen hatten. In dieser kleinen Gemeinschaft wusste man nicht, was um einen herum vor sich ging. Man hatte seinen eigenen Platz, an dem das Gepäck lag, zu dem man zurückkehrte, wenn man auf der Tonne oder am Fenster gewesen war. Herman, David und Gretha hatten einen Platz hinter uns. Um hin und wieder gegen die Wand lehnen zu können, wechselten wir manchmal für einige Stunden den Platz.

Die Sonne war inzwischen aufgegangen. Bis etwa neun Uhr konnte man es im Waggon trotz des Gestanks, der aus der Tonne kam, noch aushalten. Daran hatten wir uns, ob wir wollten oder nicht, schon gewöhnt.

Wir waren vor Müdigkeit so gleichgültig geworden, dass es uns nicht mehr interessierte, wo wir letztendlich landen und welche Arbeit wir bekommen würden. Uns war alles egal, wenn wir nur frische Luft atmen konnten.

Sobibór

Am Freitag, dem 4. Juni 1943, hielt der Zug gegen zehn Uhr morgens irgendwo am Ende der Welt. Nachdem wir eine Stunde vorher durch Chełm gefahren waren, sahen wir dieses Mal keine Haltestelle und kein Bahnhof. Die Bewacher, die sich während der Fahrt ziemlich ruhig verhalten hatten, fingen an, an den Waggons entlangzurennen, Schüsse fielen und typisch deutsche Befehle erklangen. Sie schrien, wir sollten von den Fenstern wegbleiben, sonst würde es Tote geben. Sie wirkten plötzlich wie von der Tarantel gestochen. Oder waren die Bewacher, die uns begleitet hatten, vielleicht abgelöst worden? Aber das war ja auch egal.

Ich hörte, wie an den großen Schiebetüren gerüttelt wurde, bis sie aufsprangen. Die zermürbende viertägige Fahrt hatte nun vermutlich ein Ende. Mit gezogenem Revolver sprang ein SS-Mann zu uns herein und schnauzte uns an: »In einigen Minuten fahren wir Sie in ein Lager. Dort werden Ihnen alle Wertgegenstände abgenommen. Um der Leitung dabei zu helfen, muss ich Sie bitten, diese schon mal an mich abzugeben.«

Diese ziemlich merkwürdige Bitte, die wie ein Befehl klang, durchfuhr uns wie ein Schock. Man wollte uns also schon berauben, bevor wir überhaupt an unserem Bestimmungsort angekommen waren. Ich begriff sofort, dass dies die persönliche Aktion eines SS-Mannes war, der sich bereichern wollte, dass er uns berauben wollte, noch ehe es »offiziell« geschehen würde. Wir waren eine einfache und wehrlose Beute. Er wusste, dass ihn niemand von seinen Kameraden als Dieb anzeigen würde, denn die waren alle aus dem gleichen Holz geschnitzt. Dieses Ereignis war wahrscheinlich ein Vorgeschmack dessen, was uns noch erwartete. Wo es nur

Sobibór 1944

Das Bahngleis von Sobibór 2003

ging, bei den Menschen, die der Tür am nächsten standen, begann er, Uhren von den Handgelenken zu zerren. »Diamanten, Gold und Geld müssen Sie sowieso gleich abgeben. Sie können das auch bei mir tun.« Einige kamen seiner »Bitte« nach, weil sie ihn nicht erzürnen wollten. Jemand fragte noch schüchtern, ob er eine

Quittung bekommen könne. »Ja, sicher, gleich«, antwortete er. Mit gefüllten Taschen verschwand er wieder; er hatte innerhalb von kurzer Zeit eine beträchtliche Beute gemacht.

Kurz darauf setzte sich der Zug wieder in Bewegung. Nach diesem Zwischenfall wagten wir es kaum noch, aus dem Fenster zu schauen. An dem Ruck, mit dem sich der Zug wieder in Bewegung setzte, merkten wir, dass er rückwärts fuhr. Wir hatten erst einige hundert Meter zurückgelegt, als wir erneut stehen blieben. Wir sahen Gebüsch und dahinter ein mit einer doppelten Reihe Stacheldraht umzäuntes und von Wachtürmen umgebenes Lager. Wir mussten also schnell unser Gepäck in die Hand nehmen, denn das war wohl das endgültige Ende der Fahrt. Aus dem Lärm, den die Kupplung und die aus der Bremsleitung entweichende Luft machten, schlossen wir, dass wir vom Wagen der Bewacher hinter uns abgekoppelt wurden. Eine Reihe von ungefähr zehn Waggons, ein Fünftel des Gesamttransports, wurde von einer Lokomotive im Rückwärtsgang ins Lager gefahren. Mehr Waggons passten nicht an die Rampe, einer Art Bahnsteig aus Sand und Stein. Der Rest blieb vorläufig auf dem Rangierbahnhof zurück. Der letzte Waggon, in den wir in Westerbork eingestiegen waren, fuhr jetzt als erster in ein mit mehreren Reihen Stacheldraht umzäuntes Lager hinein. Über dem Tor des am nächsten gelegenen Zugangswegs sah ich durch das Fenster ein Schild hängen, auf dem mit großen Buchstaben stand: SS-Sonderkommando Sobibór.

Als der Zug zum Stehen gekommen war, wurden die Schiebetüren wieder aufgemacht, dieses Mal von Männern mit Peitschen, die blaue Overalls trugen. Sie kletterten hinein und begannen unter dem wachsamen Auge der hinter ihnen stehenden SS-Männer, uns anzuschreien und auf uns einzuprügeln. Indem sie halb deutsch und halb jiddisch sprachen, wollten sie zeigen, dass sie Juden waren. Wo es nicht schnell genug ging, halfen die SS-Männer nach. Neben ihren Peitschen hatten sie Gewehre, mit denen sie uns bedrohten. Wir sorgten dafür, dass wir so rasch wie möglich aus dem Waggon kamen. Chel und ich sowie die anderen Familienmitglieder standen im Nu auf der Rampe. Hinter uns erklang das Wimmern und Jammern von Menschen. Sie konnten sich nach der unbequemen Haltung, in der sie vier Tage verbracht hatten, nicht so schnell erheben. Ihre Beine waren steif geworden. Aber das interessierte keinen.

Einer meiner ersten Gedanken war, dass das Geheimnis unseres Zielortes jetzt endlich gelüftet werden würde und dass wir zum Glück zusammengeblieben waren. Man trieb uns unter Peitschenschlägen und Geschrei eilig weiter. Mein Schwiegervater, der am Rand ging, bekam einen gewaltigen Schlag über den Rücken. Er krümmte sich vor Schmerzen, wollte sich jedoch nichts anmerken lassen. Chel und ich hielten uns fest umklammert. Wir wollten uns in dieser höllischen Situation nicht auseinanderreißen lassen. Als wir uns anschauten, sagte ich: »So ist also die Begrüßung in Polen.« Diese Art des Empfangs versprach nichts Gutes. Auf einem Sandweg gingen wir auf ein paar große Baracken zu. Wir wagten nicht uns umzudrehen, um zu sehen, was mit den Menschen hinter uns passierte. Was haben sie bloß mit dem Baby gemacht und mit den Leuten, die nicht gut laufen konnten? Und mit den Kranken und Alten? Viel Zeit, darüber nachzudenken, hatten wir nicht. Chel sagte plötzlich: »Was soll ich mit meiner goldenen Armbanduhr machen? Die nehmen sie mir natürlich gleich ab.« »Grab sie ein«, sagte ich, »dafür können wir später viel Geld kriegen.«

Im Gehen sah sie eine Kuhle im Sand und ließ die Uhr blitzschnell hineinfallen. Niemand von den Männern in Overalls und von der SS hatte es bemerkt. Mit dem Fuß konnte sie im Vorbeigehen gerade noch etwas Sand darüber schieben. »Merkt euch«, sagte sie noch zu ihrem Vater und mir, »wo ich sie ungefähr versteckt habe, denn dann können wir später, wenn sich eine Gelegenheit bietet, versuchen sie auszugraben.« Wie aufgescheuchte Tiere wurden wir durch weit offen stehende Türen in eine Baracke getrieben, wo uns während des schnellen Durchlaufens befohlen wurde, alles, was wir bei uns hatten, auf den Boden zu werfen. Unser Gepäck landete auf einem großen Haufen, ebenso meine Gitarre, mit der ich so viele schöne Pläne hatte und die ich unter großer Anstrengung im Waggon vor Schaden behütet hatte. Ich sah noch, wie sie unter anderem Gepäck begraben wurde. Es ist ja nur eine Gitarre, dachte ich, aber Zeit, um weiter darüber nachzudenken, blieb mir nicht.

Aller Dinge beraubt, die wir einmal mit Liebe zusammengetragen hatten, verließen wir die Baracke auf der gegenüberliegenden Seite. Das Abgeben unserer Besitztümer hatte mich dermaßen überrumpelt, dass ich, als ich wieder im Freien stand, wohl einen SS-Mann gesehen hatte, es jedoch nicht zu mir durchgedrungen war, dass er die Männer geradeaus gehen ließ und die Frauen auf eine andere Seite geschickt hatte. Plötzlich bemerkte ich, dass Chel nicht mehr neben mir ging. Alles war so schnell gegangen, dass ich sie nicht mehr küssen oder ihr »bis gleich« zurufen konnte. Als ich mich umgucken wollte, ob ich sie noch erblicken könnte, schnauzte mich ein SS-Mann an, ich solle geradeaus sehen und ansonsten das »Maul halten«.

Danach wurden wir in einem etwas langsameren Tempo weiter getrieben, bis zu einer Stelle an einer dichten Hecke, wo ein SS-Mann stand. Wir mussten durch eine schmale Öffnung an ihm vorbei. Er musterte die jungen Männer mit einem schnellen Blick. Für die Alten interessierte er sich offensichtlich nicht. Mit einer kurzen Bewegung seiner Peitsche gab er einigen kräftig aussehenden Männern zu verstehen, dass sie sich gesondert seitlich an dem Feld aufstellen sollten, wo wir angekommen waren.

Mein Schwager Ab, der vor mir ging, war gerade von dem SS-Mann eingeteilt worden und begab sich zu dieser Gruppe, die schnell größer wurde. Meinen Schwiegervater und den kleinen Schwager Herman beachtete er nicht; der erste war in seinen Augen offensichtlich zu alt und der zweite zu jung. Mich schaute er zwar einen Moment lang an, ließ mich dann aber wie hunderte andere auf das Feld gehen. Er selektierte 80 junge Männer.

Auf dem großen offenen, schätzungsweise 30 mal 40 Meter großen, mit Stacheldraht eingezäunten Feld, auf dem weiter hinten ein paar Baracken und ein Bau aus Stein standen, mussten wir uns hinsetzen. Völlig erschöpft von der langen Reise und den nervenaufreibenden Ereignissen an der Rampe waren wir todmüde. Endlich ein bisschen Ruhe. Es war heiß geworden, die Sonne brannte unbarmherzig auf unsere Köpfe. Wenn wir auch noch unser Gepäck hätten schleppen müssen ...

Das Feld wurde mit der Zeit immer voller, als Männer aus den anderen Waggons dazukamen. Wir warteten darauf, was nun weiter geschehen würde. Die Baracken, die wir auf dem Weg gesehen hatten, machten mit ihren Gardinen und blühenden Geranien einen freundlichen und beruhigenden Eindruck. Ich konnte ein Schild lesen, auf dem »Lustiger Floh«[5] stand. Dieser Eindruck wurde dadurch verstärkt, dass ein paar niederländische Häftlinge von der anderen Seite des Stacheldrahts aus unauffällig Kontakt mit uns suchten. Ich hatte den Eindruck, dass sie sehen wollten, ob mit diesem Transport Verwandte mitgekommen waren. Wir wollten zunächst wissen, was das für ein Lager sei. Sie antworteten uns, es sei nicht so schlimm und keiner brauche sich Sorgen zu machen. Ihren Worten entnahm ich, dass wir in einem neuen Lager angekommen waren. Mein Gehirn fing schnell an zu arbeiten. Es war nicht mehr als eine Vermutung, dass sie für den weiteren Ausbau des Lagers einen Ordnungsdienst brauchten. Dafür, so redete ich mir ein, hatte der Mann in Uniform die jungen Männer ausgesucht. Intuitiv kam der Wunsch in mir auf, auch zu dieser Gruppe zu gehören. Weniger, weil mich der Ordnungsdienst so anlockte, sondern weil ich meinen Schwager Ab von weitem sehen konnte. Mit ihm verstand ich mich gut.

Das Feld hatte sich inzwischen gefüllt. Keiner von uns hatte auch nur die geringste Ahnung, was weiter geschehen würde. Auch mein Schwiegervater, den ich fragte, konnte dazu nichts sagen. Ich hatte mich bereits damit abgefunden, bei ihm und Herman zu bleiben und mit den beiden zusammen zu arbeiten, als der SS-Mann, der uns gemustert hatte, das Feld betrat. Mit den Händen auf dem Rücken schlenderte er zufrieden an den Männern vorbei. An seiner Haltung war zu erkennen, dass er davon überzeugt war, gute Arbeit geleistet zu haben.

Als er in meine Nähe gekommen war, fielen mir plötzlich wieder der Ordnungsdienst und Ab ein. Er war schon fast an mir vorüber, als ich aufsprang und wie ein Schuljunge die Hand hob. In meiner kurzen Hose und der Windjacke habe ich wahrscheinlich recht ungewöhnlich ausgesehen. Während ich den Finger in die Höhe hielt, fragte ich, ob ich ihm eine Frage stellen dürfe. Er blickte von der Seite auf mich herab und nickte zustimmend. In meinem besten

Deutsch fragte ich ihn, ob ich mich der separat stehenden Gruppe anschließen dürfe. Er reagierte nicht sofort und schlug ein paar Mal mit der Peitsche gegen seine Stiefel, wobei er abwesend in die Ferne starrte. Mit Spannung wartete ich seine Reaktion ab. Dann dreht er sich um und fragte:

»Wie alt bist du?«

»Zweiundzwanzig, Herr Offizier.«

»Blödsinn. Ich bin Oberscharführer! Gesund?«

»Jawohl, Herr Oberscharführer.«

»Kannst du Deutsch?«

(Blöde Frage, dachte ich, ich sprach doch gerade Deutsch.)

»Jawohl, Herr Oberscharführer.«

Mit einem gewissen Interesse sah er mich kurz an und dachte einen Augenblick nach. Dann stand sein Entschluss fest:

»Na, los!«, hörte ich.

Mit einem Kopfnicken gab er zu verstehen, dass ich schnell zu der ausgewählten Gruppe gehen sollte. Ich rannte zu meinem Schwager auf der anderen Seite. Ein Scharführer unterhielt sich dort fast vergnügt mit der Gruppe. Er war leicht verwundert, als er mich ankommen sah, weil er glaubte, die Gruppe sei bereits komplett. Etwas ungläubig sagte er: »Du auch? Dann sind wir einundachtzig Männer, das ist einer zu viel.«

Jemand aus der Gruppe winkte mir zu meiner Überraschung zu. Es war mein bester Freund Leo de Vries, der im selben Haus auf der Amsterdamer Rapenburg geboren war wie ich. Wir hatten uns eine ganze Weile nicht mehr gesehen. Ich wusste nicht, dass er und seine Frau Katrien mit demselben Transport aus Westerbork gekommen waren. Wir hätten uns nie träumen lassen, dass wir uns in Sobibór wieder treffen würden. »Ich habe dich schon von weitem gesehen«, sagte er. »Ich war froh, dich zu sehen, weil ich niemanden in der Gruppe kenne.«

Der Scharführer befahl uns, »jetzt mal das Maul zu halten« und fuhr fort: »Man hat euch ausgesucht, um in einem anderen Lager, nicht weit von hier, zu arbeiten. Jeden Abend kommt ihr wieder nach Sobibór zurück und dann könnt ihr gemeinsam mit eurer Familie und Freunden essen und euch entspannen. Sie – und dabei zeigte er zum Feld hinüber – gehen jetzt duschen. Deshalb wurden die Männer von den Frauen getrennt, denn ihr versteht ja wohl, dass es sich nicht gehört, gemeinsam zu baden. Alle anderen, die heute angekommen sind, bleiben hier.«

Inzwischen hörte und sah ich, dass ein SS-Mann auf dem Feld eine Ansprache hielt, die ich von meinem Platz aus nicht ganz verstehen konnte. Es war jedoch deutlich zu hören, dass sie ihre Sachen ausziehen sollten, um ins Bad zu gehen. Als der SS-Mann bei unserer Gruppe uns befahl, in Fünferreihen anzutreten, hatten die meisten auf dem Feld bereits ihre Hemden und Schuhe ausgezogen. Unter seinem lauten Eins-zwo-drei-vier-Gebrüll gingen wir in die Richtung, aus der wir gekommen waren. Er unternahm noch einen Versuch, uns in strammer Haltung und im Marschtempo zum Zug marschieren zu lassen. Er war so abgestumpft, dass er sich keine Vorstellung davon machen konnte, in welch miserablem Zustand wir waren, nachdem wir vier Tage lang in einen Waggon eingepfercht waren. Wir ließen uns aber nichts anmerken.

Auf dem Weg zum Zug müssen wir an der Stelle vorbeigekommen sein, an der Chel ihre Armbanduhr versteckt hatte. Aber ich wusste schon nicht mehr genau wo.

Zwei Waggons und eine Lokomotive standen an der Rampe zur Abfahrt bereit. Nichts erinnerte mehr an die Panik, die dort kurz zuvor noch beim Ausladen geherrscht hatte.

Ab, Leo und ich sorgten dafür, dass wir in denselben Waggon kamen, damit wir zusammen über die Ereignisse reden konnten. Uns interessierte, wohin wir fahren würden; eins war klar: Wir waren hierher gekommen, um zu arbeiten. Genau, wie man uns immer erzählt hatte. Abgesehen von der Arbeit, die wir kriegen sollten, interessierte uns, was unsere Frauen in Sobibór zu tun bekamen. Sie würden sich also auf den Abend vorbereiten, an dem wir zusammen essen und Erfahrungen austauschen konnten. Wir fragten uns im Waggon, was wohl das Besondere an Sobibór sei, weil wir die großen Buchstaben »Sonderkommando« gelesen hatten. Aber wir kannten die Bedeutung dieses Wortes nicht.

Dorohucza/Lublin

Je länger die Fahrt dauerte, desto mehr Sorgen begann ich mir zu machen. Ich fragte mich, ob wir, wenn wir denselben Weg auch zurückfahren mussten, auch wirklich abends wieder in Sobibór sein würden. Nachdem wir stundenlang unterwegs waren, hielt der Zug bei Anbruch der Dämmerung in Trawniki. Als wir dort einige Zeit auf dem Rangierbahnhof gestanden hatten, kam ein SS-Mann in Begleitung ukrainischer Wachmänner, um uns von den Soldaten, die uns von Sobibór aus begleitet hatten, zu übernehmen. Wir brachen zu einem sechs Kilometer langen Fußmarsch auf. Wir versuchten, so gut es ging im Gleichschritt zu bleiben, obwohl wir schon seit Tagen weder zu essen noch zu trinken bekommen hatten. Dabei sah ich in Trawniki verschiedene Lager mit Stacheldraht und Wachtürmen, in denen die Menschen in gestreiften Anzügen und mit merkwürdigen Mützen auf dem Kopf herumliefen.

Es war schon ziemlich dunkel, als wir in der Nähe des Weilers Dorohucza ankamen. Wir mussten uns außerhalb des Lagers am Ufer eines schnell strömenden Flusses aufstellen. Während ein Scheinwerfer aus dem Lager herbeigeschafft wurde, begann ein betrunkener SS-Mann seine Pistole demonstrativ zu laden. »Ich kann gut schießen«, sagte er, während er die Waffe auf uns richtete. Wie in einem grausigen Spiel schoss er direkt über unsere Köpfe hinweg. Wir hatten Angst, dass er uns treffen würde – betrunken wie er war –, aber zum Glück passierte nichts. Nach diesem Vorfall mussten wir langsam durch das Tor ins Lager gehen, während die SS-Männer und die ukrainischen Wachmänner den Scheinwerfer auf uns hielten, um uns zu mustern. Später am Abend taten das auch die dort anwesenden Häftlinge. Sie wollten wissen, ob Bekannte mitgekommen waren.

Jules Schelvis am Ortseingang Dorohucza 1989

Als wir schließlich innerhalb des spärlich beleuchteten Lagers standen und das Tor hinter uns geschlossen wurde, hörten wir polnische und niederländische Stimmen. Nach einigen Augenblicken bat ein Niederländer um Ruhe. Es war Nathan Peperwortel, ein von der Lagerleitung eingesetzter Kapo. Er hielt uns ungefähr folgende Ansprache: »Liebe Leute, ihr seid hier in einem kleinen Arbeitslager mit dem schwer auszusprechenden Namen Dorohucza gelandet. Habt ihr davon in den Niederlanden schon mal gehört? Nun, wir auch nicht. Es sind ungefähr 300 polnische und 200 niederländische Juden hier. Die meisten sind Männer, aber es sind auch ein paar Frauen dabei. Ihr und auch wir wurden hierher gebracht – und das gilt nicht für jeden, der aus Holland gekommen ist –, weil die Deutschen uns brauchen, um Torf zu stechen. Das Leben ist hier außerordentlich schwer und das wenige Essen, falls man es überhaupt als solches bezeichnen kann, ist zudem auch noch schlecht. Nur Läuse gibt es hier in unbeschränkten Mengen. Noch nie eine gesehen? Wohl kaum, wenn man gerade aus dem zivilisierten Amsterdam gekommen ist. Länger als ein paar Minuten braucht ihr nicht zu warten, dann habt ihr sie auch. Nur die Allerstärksten können es hier vielleicht aushalten. Es ist wichtig, seinen

Körper so sauber wie möglich zu halten. Aus Erfahrung weiß ich, wie schwer das ist.

Nochmals, die Läuse und anderes Ungeziefer haben freies Spiel, und Wasser aus dem Hahn gibt es nicht. Am Lager strömt ein Fluss vorbei. Ich warne euch nur ein einziges Mal: Trinkt nie daraus, denn dann seid ihr verloren. Ich versichere euch, dass man dann Typhus kriegt, und hört mir gut zu: Leute, die krank sind, können sie hier nicht gebrauchen. Mit denen machen sie kurzen Prozess. Jetzt werde ich euch in eine Baracke bringen, wo ihr versuchen könnt, etwas zu schlafen.«

Ab, Leo und ich betraten eine leere Baracke. Wir sahen keine Pritschen oder etwas Ähnliches, auch keine Decken. Es war einfach ein kahler Raum. Es blieb uns nichts anderes übrig, als uns in den Kleidern, die wir am Leibe hatten, auf den Boden zu legen. Weil es Juni war und in den Niederlanden angenehme Temperaturen herrschten, hatte ich in Westerbork meine Sommerkleidung angezogen. Die Wintersachen waren noch in meinem Rucksack, aber den hatte ich in Sobibór zurücklassen müssen. Deshalb trug ich jetzt eine leichte Windjacke, in der sich ein Portemonnaie, ein paar Seile und ein Taschenmesser befanden sowie der Taschenspiegel mit Chels Portrait. Aber zum Glück trug ich meine neuen festen Schuhe.

Leo, Ab und ich rückten eng zusammen, um unsere Körperwärme auszunutzen. Weil die Holzbretter in der Baracke nicht zusammenpassten, zog es ganz fürchterlich. Das Dach hatte große Risse, durch die wir die Sterne sehen konnten. Der Wind und die nächtliche Kälte, die sich bemerkbar machten, hatten freies Spiel. An Schlafen war nicht zu denken, da ich noch immer die Bilder dieses Tages vor Augen hatte. Auch die Unsicherheit über das, was uns noch bevorstehen würde, spielte eine Rolle. Ich rechnete damit, dass wir eine lange und schwere Zeit erleben würden. Außerdem hatte ich den letzten Rest Vertrauen in die Deutschen verloren. Das Versprechen, jeden Abend nach Sobibór zurückzukehren, war nichts als eine infame Lüge. Warum hatten sie uns das vorgegaukelt? Was hatte das zu bedeuten? Ich wusste es nicht. Langsam ging die erste Nacht in Polen vorbei.

Das Gelände des ehemaligen Torflagers

Am Morgen wurden wir aufgefordert, nach draußen zu gehen, wo der Appell stattfand. In geschlossenen Reihen mussten wir auf ein Kommando des Kapos[6] hin Haltung annehmen, während uns einige SS-Männer zählten. Nach dieser Veranstaltung mussten wir uns beim Lagerschreiber registrieren lassen, einem jüdischen Häftling, der ein Band um den Arm trug und das Personenregister führte. Neben meinen persönlichen Angaben musste ich meinen Beruf nennen. Ich log und sagte, ich sei Mechaniker, weil mir schlagartig klar wurde, dass mir der Druckerberuf hier keinen Vorteil bringen würde. Einige der Neuankömmlinge erhielten danach Gelegenheit, Postkarten mit einem neutralen Text nach Hause zu schreiben. Als Absenderadresse musste man angeben: »Arbeitslager Dorohucza, Kreis Lublin, Post Trawniki, Generalgouvernement«. Nur eine dieser Karten ist nach dem Krieg in den Niederlanden bekannt geworden.

Als wir die wärmenden Sonnenstrahlen fühlten, gingen wir zum Fluss Wieprz, wo schon zig Häftlinge am Ufer saßen. Sie wuschen sich dort nackt, ohne Seife und Handtuch, denn die wurden nicht ausgegeben. Schamgefühle hatten sie schon lange nicht mehr. Danach fingen sie an, sich von Kopf bis Fuß zu entlausen. So etwas hatte ich noch nie zuvor gesehen. Fast jeder hatte sich das Kopf-,

Achsel- und Schamhaar abgeschnitten – in der Hoffnung, sich so die Läuse vom Leib halten zu können. Die meiste Zeit verbrachte man mit dem Entlausen der Kleidung, weil besonders die Nähte eine Brutstätte für Ungeziefer bildeten. Die Läuse, die man erwischte, warf man ins Wasser. Da war ich also aus der westlichen Zivilisation an einen gottverlassenen Ort versetzt worden. War ein größerer Kontrast denkbar?

Ein Niederländer stand neben mir, er hieß Joop Wins. Er gab uns den Rat, unsere Haare abzuschneiden. Als er mir seine kleine Schere lieh, sagte er: »Zieh' ruhig deine Kleidung aus, pass aber gut auf, denn ehe man sich versieht, sind die Sachen weg. Hier stehlen alle. Alles, was man kurz aus den Augen lässt, wird geklaut. Man muss hier nicht nur um sein Leben kämpfen, sondern auch um das wenige, was man noch besitzt. Wie ich sehe, hast du neue Schuhe an. Die würde ich an deiner Stelle unter den Kopf legen, wenn du schlafen gehst. Die sind lebenswichtig. Da kommst du schnell dahinter. Du brauchst dich nicht zu schämen, weil du nackt bist. Wir haben hier alle denselben jiddischen Pimmel. Mit Haaren hast du weniger Chancen, denn sie sind eine Brutstätte für Läuse. Aber ehrlich gesagt hast du ohne Haare auch nicht viel Chancen.« Er musste es wissen, denn er hatte schon drei Wochen Erfahrung. Auch er war, zusammen mit einer Gruppe von achtzig jungen Männern, über Sobibór nach Dorohucza gekommen. Er fuhr fort: »Trinkwasser gibt es nicht. Was man zu trinken kriegt, befindet sich in der zweimal am Tag verabreichten schwarzen Flüssigkeit, die sie Ersatz nennen, und in der Kapusta. Das ist eine Suppe, die aus einer halben Kelle Wasser mit etwas Sauerkraut und ein paar Kohlrübenstücken besteht, manchmal ist sogar eine dünne Scheibe Wurst drin. Du hast schon von Peperwortel gehört, dass du das Wasser aus dem Fluss nicht trinken darfst. Er ist verseucht, weil er als Abwasserkanal dient. Wenn du daraus trinkst, kriegst du Typhus.«

Dorohucza war für jeden, der von einem Augenblick auf den anderen dorthin geriet, so unwirklich, dass sich die meisten vorkamen wie auf einem anderen Planeten. Auf ein Pfeifensignal mussten wir uns für ein Stück verschimmeltes Brot und einen kleinen Löffel voll Pappe, die sie marmolada nannten, anstellen.

Wir kriegten dazu einen Schuss braune Flüssigkeit, die nach nichts schmeckte. Anschließend konnten wir das Lager ein bisschen erkunden. Es bestand aus drei in Hufeisenform aufgestellten Baracken. An einer Stelle innerhalb des Stacheldrahts stand ein Wachturm aus Holz, auf dem ukrainische Wachmänner saßen und uns andauernd beobachteten. Direkt außerhalb des Lagers lagen die kleine Küchenbaracke und zwei Baracken, in denen die SS-Männer und die Wachposten einquartiert waren. In einer befand sich die Unterkunft des Kommandanten, SS-Hauptscharführer Gottfried Schwarz[7].

Vor seiner Tür, direkt gegenüber dem Lagereingang, hatte er ein Maschinengewehr aufstellen lassen, das direkt auf das Lager gerichtet war. Damit konnte jederzeit geschossen werden. Das Ganze sah nicht gerade vertrauenerweckend aus. Wir wussten nicht, dass sich Schwarz im Vernichtungslager Bełzec an der Vergasung von 600.000 polnischen Juden mitschuldig gemacht hatte. Als die Spuren von Bełzec im Frühjahr 1943 getilgt waren und er dort »mit seiner Arbeit fertig« war, wurde er Kommandant von Dorohucza. Er war ein Mann, der buchstäblich über Leichen ging.

Mittags bekamen wir eine Kelle Suppe, die aus Wasser mit etwas Sauerkraut, verfaulten Kartoffelstückchen und winzigen Stücken Fleisch bestand. Wins hielt es für Hundefleisch. »Bis jetzt war nur ein Scheibchen Wurst in der Suppe, aber ich habe gesehen, dass gestern Abend ein Hund erschossen wurde. Den haben sie bestimmt in die Suppe getan.« Allein schon bei dem Gedanken an Hunde-fleisch verging mir die Lust, die Suppe anzurühren. Aber mir war klar, dass ich meinen Widerwillen überwinden musste, da Eintopf mit Wurst vorläufig nicht auf der Speisekarte stehen würde.

Als ich Wins nach seinen Erfahrungen in Dorohucza fragte, sagte er: »Um ehrlich zu sein, sind es keine guten.«

»Erzähl doch mehr darüber, bitte. Es ist wichtig, dass ich das höre.«

»Natürlich, aber sag doch Joop zu mir. Es ist keine angenehme Geschichte. Nun gut, ich komme aus Amsterdam und war Setzer bei Joachimsthal. Als ich hier ankam, wurden gerade achtzig Män-ner abgeführt. Nachdem sie von den Aufsehern tüchtig verprügelt worden waren, mussten sie die Schuhe ausziehen und das Lager barfuß verlassen. Mit Entsetzen beobachtete ich das Ganze und stand wie angewurzelt da. Vor allem als weiter geschlagen wurde, nachdem sie einige ins Wasser geworfen hatten. Wir waren alle fassungslos. Ein anderes Mal, das war am Abend, bevor ihr kamt, führte der Lagerführer mit den Ukrainern und den Kapos eine Selektion durch, die mehr als drei Stunden dauerte. Wir waren nackt in Fünferreihen angetreten. Zuerst mussten die, die ganz vorne standen, vortreten. Du hast wahrscheinlich schon gemerkt, dass hier nur Juden sind. Die Schwächsten wurden ausgesucht. Dann waren sie noch nicht zufrieden und es ging wieder von vorne los, bis es achtzig waren. Ein SS-Arzt war nicht dabei. Es ist hier ein richtig wildes Lager. Es fällt, so weit ich es verstehe, unter die Zuständigkeit von Lublin. Du siehst, dass es hier auch Frauen gibt. Die schlafen einfach zwischen den Männern. Ich nenne das Lager wild, weil man hier um sein Leben kämpfen muss. Auffällig ist, dass die SS aus lauter heruntergekommenen, degenerierten Typen besteht. Eine schauderhafte Geschichte, findest du nicht?«

»Geht's hier wirklich so zu? Was haben sie denn bloß mit diesen achtzig gemacht? Und wie lange haben diese Leute hier gearbeitet?«

»Man kann es nur raten, am Leben sind sie jedenfalls nicht mehr. Vielleicht waren sie fünf oder sechs Wochen hier, vielleicht auch kürzer. Viel länger werden sie es nicht ausgehalten haben. Sie hatten schon das Muselmann-Stadium erreicht.«

»Was ist das?«

»Muselmänner sind Menschen, die so geschwächt sind, dass sie kaum noch gehen können. Sie reagieren fast nicht mehr auf das, was um sie herum passiert und sind völlig apathisch. Passt nur auf, dass ihr keine Muselmänner werdet. Auch wenn man selbst wenig dagegen tun kann.«

»Du siehst noch ziemlich gesund aus nach drei Wochen Arbeit.«

»Das kommt, weil ich mich mit einem der Kapos ein bisschen angefreundet habe. Die kriegen nämlich etwas mehr zu essen. Er steckt mir schon mal was zu. Er hat auch dafür gesorgt, dass ich als Wartungsmonteur auf dem Feld Aufsicht habe. Es ist meine Aufgabe, jede Stunde ein paar Maschinen zu ölen. Ich bin gar kein Monteur, sondern Setzer. Morgen bringen sie euch auch auf die

Torffelder, hier ganz in der Nähe. Dort muss man, wie du weißt, Torf stechen. Das ist schwere Arbeit. Du wirst jetzt verstehen, dass Dorohucza immer neue Arbeitskräfte braucht. Das ist der Grund, warum sie in Sobibór immer wieder für den nötigen Nachschub sorgen müssen. Das ist der Grund, warum man euch hierher gebracht hat.«

»Was für schreckliche Dinge erzählst du mir da. Ich soll dir also glauben, dass hier jeder, der eine etwas schneller als der andere, sterben wird? Was für eine Aussicht!«

Am nächsten Morgen verließen wir das Lager, um auf den Torf-feldern zu arbeiten. Aufgrund des Benzin- und Ölmangels war Torf zu einer wichtigen Energiequelle geworden, weil man damit nicht nur Öfen heizen, sondern ihn auch als Brennstoff für Autogeneratoren benutzen konnte. In einigen hundert Metern Entfernung hatte man eine Fläche abgesteckt, die über einen Quadratkilometer groß war. Nach ein paar hundert Metern Fußmarsch erreichten wir eine Scheune, in der Spaten zum Torfstechen ausgeteilt wurden. Der Torf wurde danach geschichtet und zum Trocknen in die Sonne gelegt. Es war eine schwere, anstrengende Arbeit, die man – weil es weder Schutz gegen die sengende Hitze noch Wasser gab – nicht lange aushielt. Wenn jemand etwas tat, was der SS nicht gefiel, wurde er ohne Zögern erschossen.

Während der Arbeit erzählte eine junge Frau, die den von mir gestochenen Torf aufschichtete, in einer Mischung aus jiddisch und deutsch, dass sie aus Warschau gekommen war und dort als Buch-binderin in einer Druckerei gearbeitet hatte. Nach dem Aufstand im Ghetto war sie zusammen mit anderen nach Dorohucza abtrans-portiert worden. Sie fragte nach meiner Familie. Ich erzählte ihr, dass ich Drucker war, wodurch plötzlich eine Verbundenheit zwischen Eva, so hieß sie, und mir entstand. Sie erzählte, man habe einer Gruppe, zu der auch sie gehöre, zugesagt, dass irgendwo in Polen ein Betrieb errichtet werde, wo sie für die SS Drucksachen herstellen solle.

Als ich ins Lager zurückgekehrt war, erzählte ich Leo und Ab diese Geschichte. Von diesem Moment an beschäftigte mich nur noch eine Frage: Was sollte ich tun, um zusammen mit Leo zu den

Druckern zu kommen? Alles war besser, als hier im Lager der Verdammten bleiben zu müssen. Leo hatte als Drucker bei der Kunst- und Steindruckerei Luii in Amsterdam gearbeitet und war ein fähiger Offsetdrucker. Wir verabredeten als gute Freunde, dass wir zusammen versuchen würden, alles Mögliche zu tun, um uns der Warschauer Gruppe anzuschließen. Wir fragten Ab, der von Beruf Gerber war, ob er unserem Plan zustimmte, denn wenn er Wirklichkeit wurde, bedeutete das, dass sich unsere Wege trennten. Er antwortete, dass jeder hier tun müsse, was er für das Beste halte. Er hatte sich schon mit ein paar Männern aus einem Chor angefreundet, unter denen sich auch AJC-Mitglieder – z.B. Leo Engelander – befanden. Er hatte sich angemeldet, weil sie, wenn die anderen arbeiteten, im Lager proben durften und eine Extra-Ration Brot bekamen. Ab konnte sich nicht als Drucker ausgeben und wollte lieber im Chor bleiben, denn die Arbeit in der sengenden Sonne hielt er auch nicht für ein Vergnügen.

Leo und ich versuchten, jemanden zu finden, mit dem wir über unseren Plan reden konnten. Inzwischen hatten wir auch einen Kontakt zu dem jüngsten Mitglied der Druckergruppe aufgebaut. Er hieß Michal Schwalbe, war fünfzehn Jahre alt und ebenfalls in Warschau geboren. Nach dem Kampf im Ghetto war er mit den Druckern gekommen. Weil wir uns viel mit ihm unterhielten, wurden wir Freunde. Er versprach, sein Bestes zu tun, damit wir Shulim Czerwonykamien kennen lernten, der sich als Führer der Warschauer herausgestellt hatte. Mit seinen 26 Jahren gehörte Shulim zu den Älteren, ebenso wie sein Schwager und seine Schwester. Das Kostbarste, was sie besaßen, war ein Ausweis des Höheren SS- und Polizeiführers von Warschau, der den Vermerk trug, dass sie dazu eingeteilt waren, in einer SS-Druckerei zu arbeiten. Schwalbe hatte, so jung er auch war, den Verstand eines Erwachsenen. Er konnte sich gut auf Deutsch, das er sich schnell angeeignet hatte, verständigen.

An einem der ersten Tage in Dorohucza fragte er, ob ich wisse, was mit den in Sobibór Zurückgebliebenen geschehen sei. Ich sagte: »Wieso? Mir wurde gesagt, dass sie im Lager oder in der Umgebung arbeiten müssen und wir abends wieder zurückgebracht würden. Offenbar halten sie dieses Versprechen nicht, denn wir sind ja noch immer hier.« Darauf erwiderte er: »Ich werde dir mal was erzählen. Weißt du, dass die SS euch in Sobibór etwas vorgegaukelt hat? Du verstehst mich natürlich nicht. Du wirst es auch nicht sofort begreifen können.« Ich sagte, er mache mich neugierig, denn was könne sonst geschehen sein? Darauf fuhr er fort: »Ich werde dir erzählen, was ich hier gehört habe. Ich habe mich selbst damit abgefunden, obwohl ich es zuerst auch nicht glauben konnte. Ich bin nicht in Sobibór gewesen, aber jeder sagt hier, dass in Sobibór dasselbe stattfindet wie in Treblinka, wo fast alle meine Angehörigen und jüdischen Nachbarn hingeschickt worden sind.«

»Rede bitte nicht in Rätseln«, sagte ich. Er antwortete: »Wenn du es also hören willst, werde ich es sagen. Aber pass auf, ich werde dir etwas Schreckliches erzählen. Du wirst es nicht glauben wollen, aber sie leben nicht mehr. Jeder, der in Sobibór zurückgeblieben ist, wurde getötet.«

Was er gesagt hatte, wollte nicht zu mir durchdringen. »Sie leben also nicht mehr?«

Dann sagte er: »Was ich gesagt habe, habe ich gesagt: Sie sind alle ins Gas gegangen.« Woraufhin ich ausrief: »Vergast? Was meinst du?«

»Nun, genau das, was ich gesagt habe. In Sobibór gibt es luftdichte Kammern, wo jeder vergast wird.«

»Jeder? Alle aus unserem Transport?« »Auch aus deinem Transport, auch wenn ich selbst nicht dabei gewesen bin.«

»Aber das kann doch nicht wahr sein?«

»Wenn du ein paar Tage hier gewesen bist, dann wirst du verstehen, dass bei der SS alles möglich ist. Kurz bevor ihr gekommen seid, wurden noch Männer erschossen. Ihnen kommt es nicht auf ein paar Juden an, denn Sobibór kann genug neue liefern. Du kannst mir ruhig glauben, dass es wahr ist. Frag nachher Czerwonykamien. Er ist der Vormann der Drucker, er wird euch dieselbe Geschichte erzählen.«

»Also, Michal, man kann den Deutschen viel vorwerfen, aber das traue ich ihnen nun doch nicht zu. Menschen, die gerade aus den Niederlanden gekommen sind, zu ermorden, nachdem sie erst eine Zugreise von vier Tagen machen mussten – dass scheint mir völlig unglaubwürdig. Wenn wir das in den Niederlanden gewusst hätten, dann hätten wir uns doch niemals abtransportieren lassen? Lass mich einmal annehmen, nur annehmen, dass es so ist. Was haben sie dann mit uns vor? Sie haben gesagt, dass wir arbeiten müssen. Nun, das tun wir doch hier! Torf stechen, eine schwere, aber vielleicht nützliche Arbeit.«

»Sie brauchen uns in Dorohucza vorläufig noch. Wir sind etwa 500 Frauen und Männer hier, Polen und Niederländer. Wenn wir fertig mit der Arbeit sind oder wenn wir nicht mehr können – Gott weiß, wann das sein wird –, werden wir wie Abfall zur Seite geschoben. Die Deutschen haben sich hoch und heilig vorgenommen, keinen Juden mehr am Leben zu lassen. Darf ich dir einen guten Rat geben? Geh schnell wieder zur Tagesordnung über und versuche auch möglichst schnell zu vergessen, was ich gesagt habe. Du kannst die Toten doch nicht mehr zum Leben erwecken. Du wirst deine ganze Kraft brauchen, um selbst am Leben zu bleiben. Du willst doch leben? Wenn du das nicht willst, hängst du dich am besten sofort auf. Ich tue es nicht, denn vielleicht geschieht ja ein Wunder, vielleicht kommt ja die russische Armee und befreit uns oder Hitler wird ermordet und das Dritte Reich bricht zusammen.«

Zusammen mit Leo und Ab versuchte ich mir zu vergegenwärtigen, was wir in Sobibór gesehen und gehört hatten: Wir hatten unser Gepäck in eine große Baracke geworfen, die Männer und Frauen wurden voneinander getrennt, junge Männer wurden für die Arbeit selektiert, man musste sich auf dem Feld auskleiden und ich hörte die Geschichte, dass man baden werde. Ich versuchte mir vorzustellen, ob das Bild, das wir in Erinnerung hatten, zu Schwalbes Geschichte passte. Als das wirklich der Fall war, wurde der Tod durch Vergasen immer plausibler.

Später, in Lublin und Radom, hatten wir nicht mehr den geringsten Zweifel, obwohl wir für unsere Frauen noch etwas Hoffnung hegten. Warum sollten junge Frauen wie Chel und Hella nicht wie wir irgendwo zur Arbeit ausgesucht worden sein? Hier in Dorohucza waren doch auch Frauen? Über die zurückgebliebenen Männer hatten wir keine Illusionen mehr. Hatten wir doch mit eigenen Augen gesehen, dass sie anfingen sich auszuziehen. Manche hatten schon ihr Hemd abgelegt und die Schuhe zusammengebunden.

Am nächsten Morgen vertraute ich Eva mein Gespräch mit Schwalbe an. Ich bat sie, für meinen Freund Leo und mich ein gutes Wort bei Czerwonykamien einzulegen. Noch am gleichen Abend brachte sie uns mit ihm in Kontakt. Er hörte mit Interesse zu, gab uns jedoch zu verstehen, dass er wenig Einfluss auf eine Vergrößerung der Gruppe ausüben könne. Wir hätten, so sagte er, auch keinen Ausweis vom Polizeiführer. Ohne dieses Dokument könne er nichts für uns tun. Er fragte uns: »Habt ihr denn Papiere, aus denen hervorgeht, dass ihr Typografen seid?« Er stellte diese Frage, um seiner negativen Antwort etwas Autorität zu verleihen. Wir besaßen keine Papiere mehr, weil alles in unseren Rucksäcken in Sobibór zurückgeblieben war. Es wurde deutlich, dass wir unseren Plan ohne Diplom oder einen Beweis unseres Könnens vergessen konnten. Tief enttäuscht erzählten wir Ab, dass unser Versuch fehlgeschlagen war.

Als wir am nächsten Morgen wieder beim Appell standen, sahen wir, dass eine Gruppe abseits stand, darunter Schwalbe, Czerwonykamien und Eva. Hinterher gingen Leo und ich auf sie zu und fragten: »Werdet ihr uns vielleicht verlassen?« Eva gab keine Antwort, weil sie es mir gegenüber nicht über die Lippen bringen konnte, dass sie tatsächlich aus Dorohucza weggehen würden. Schwalbe fiel das nicht so schwer. Er sagte: »Wir stehen zur Abfahrt bereit. Ich habe noch einmal mein Bestes für euch getan, aber es ist nicht geglückt. Czerwonykamien fand euch zwar nett, aber er durfte oder konnte nichts entscheiden. Die Gruppe als Ganzes war auch dagegen. Übrigens ist schon ein Holländer dabei. Sieh mal, der Kleine dort, das ist er« und er zeigte auf Joop Wins.

Und da sah ich, dass auch Joop dort stand. Wie er als Außenstehender dorthin geraten war, konnte sich auch Schwalbe nicht erklären. Mit Bedauern sagte er: »Schade, dass ihr nicht mit uns fahren könnt. Ihr wart richtig nette Freunde und Kollegen. Ich werde oft an dich denken.« Wir nahmen Abschied, weil sich unsere Wege trennten und wir uns nie wiedersehen würden. Man kann es kaum erklären, dass eine derartig spontan entstandene Freundschaft solch tiefe Spuren hinterlässt.

Wir wollten uns auch weiterhin nicht damit abfinden, dass wir nicht mit der Gruppe fahren durften. Wir hatten nicht die geringste Ahnung, wer darüber entscheiden konnte, aus wieviel Personen die Gruppe bestehen durfte. Der Drang, hier wegzukommen, war so stark, unser ganzes Denken war darauf gerichtet, Wege zu finden, auch nicht auf der Hand liegende, die zu unserem Ziel führen könnten. Wir hatten dabei nur eines vor Augen: weg aus diesem Lager der Verdammten, wo jeder früher oder später an Hunger, Typhus oder Erschöpfung sterben würde. Und warum war das Maschinengewehr gegenüber dem Tor permanent auf wehrlose Häftlinge gerichtet? Bestimmt nicht, um uns nur Angst einzujagen. Ein paar hundert unterernährte Juden konnten gegen die gut bewaffneten Aufseher doch keinen Aufstand anzetteln? Oder war ihnen der Aufstand von Warschau eine Lehre gewesen? Hatten sie vielleicht doch Angst, dass die Juden aus Verzweiflung einen Ausbruchversuch unternehmen oder während des Torfstechens flüchten würden?

Um nichts unversucht zu lassen, gingen Leo und ich zum Oberkapo, einem polnischen Juden. Wir erklärten ihm, was wir wollten. Er fing an zu fluchen und mit der Peitsche zu knallen und brüllte dann, dass dort keine Holländer gebraucht würden. Ob sich die »dummen Holländer« wohl einbildeten, sie könnten hier ihre eigene Suppe kochen? Danach gingen wir entmutigt zu Peperwortel, dem niederländischen Kapo, obwohl wir uns auch seine Antwort denken konnten. Auch er gab uns zu verstehen, dass er nichts für uns tun konnte. Er wollte seine Position nicht aufs Spiel setzen. Während des Torfstechens zermarterten wir uns den Kopf, welche Möglichkeiten noch übrig blieben. Die letzte war die gewagteste und gefährlichste. Wir beschlossen, uns in die Höhle des Löwen zu wagen. Wir mussten versuchen, mit dem Ranghöchsten, der über Leben und Tod entschied, zu reden: mit Kommandant Schwarz.

Nachdem wir eine Zeitlang gearbeitet hatten, meldeten wir uns beim Arbeitsführer mit der Frage, ob wir ins Lager zurückkehren durften. Als er sich unsere seltsame Bitte angehört hatte, fragte er

SS-Wacheinheit

uns nach dem Grund. Ich sagte: »Wir müssen dringend den Kommandanten sprechen.«

So absurd es klingen mag, er gab uns die Erlaubnis und schickte einen Ukrainer mit. Wahrscheinlich dachte er, der Kommandant würde seinen Revolver ziehen und uns auf der Stelle erschießen. Dieses Risiko hatten wir übrigens einkalkuliert. Der Zufall wollte, dass der Kommandant und der Oberkapo gerade miteinander sprachen. Als er uns sah, rief er schon von weitem, was denn der Grund für unsere frühzeitige Rückkehr sei. Ich bat untertänig, eine kurze Erklärung dafür geben zu dürfen. Als Schwarz eingewilligt hatte, brachten wir unsere einstudierte kurze Geschichte vor: Diplomierte niederländische Drucker wollen die Gruppe aus Warschau verstärken, kein Ausweis, aber kerngesund.

Er blickte kurz zum Oberkapo, der nicht wusste, was er sagen sollte, weil er unsere Bitte bereits abgeschlagen hatte, ließ sich das dem Kommandanten gegenüber jedoch nicht anmerken. Der fragte uns: »Könnt ihr gut Deutsch? Und auch Russisch?« »Deutsch sehr gut, Herr Kommandant, aber Russisch leider nicht.«

Er überlegte kurz und sagte dann: »Einverstanden, meldet euch bei den Druckern im Lager und wartet, bis sie euch mit dem Auto abholen kommen.«

Wir trauten unseren Ohren nicht. Ohne große Mühe, aber mit viel Mut waren wir plötzlich in die Druckergruppe eingeteilt worden. Wie war das bloß möglich! Wir hätten unsere Freude am liebsten laut herausgeschrien, ließen uns jedoch nichts anmerken. Im Gegenteil, mit unserer reservierten Haltung versuchten wir den Eindruck zu erwecken, als sei uns nichts Besonderes geschehen. Wir durften ihn nicht im letzten Moment auf andere Gedanken bringen. Wir sagten sehr kühl: »Danke sehr, Herr Kommandant.«

Als wir uns kurz darauf bei den Druckern mit der Nachricht meldeten, der Kommandant habe entschieden, dass wir nun auch zur Gruppe gehörten, stieß das auf wenig Begeisterung. Man hätte es lieber gesehen, so verstanden wir, wenn an unserer Stelle zwei ihrer Landsleute aufgenommen worden wären, polnische Juden, die ihre Sprache sprachen und mit denen sie ihre Probleme einfacher besprechen konnten. Sie waren auch nicht davon überzeugt, dass wir richtige Drucker waren. Obwohl es an der Entscheidung des Kommandanten nichts zu rütteln gab, schlugen wir vor, einen kurzen Vortrag zu halten, der beweisen würde, dass wir sehr wohl Fachkollegen waren. Es ehrte Czerwonykamien, dass er sich schnell überzeugen ließ. Er holte die Liste heraus und ließ uns unsere Namen buchstabieren. Sjelfies und de Vrie-ès, so sprachen er und seine Kollegen unsere Namen aus. Zusammen mit Joop Wins wurden wir von dem Moment an die drei Holländer genannt.

Jetzt mussten wir nur noch auf den Wagen warten, der uns abholen sollte. Aber er kam nicht. Wir fragten uns vor dem Schlafengehen, ob die Druckerei wirklich existierte. Konnte es sein, dass die schnelle Einwilligung des Kommandanten damit zu tun hatte? Doch am nächsten Morgen fuhr ein großer offener Lastwagen bis vor das Lager. Dort lagen Barackenteile, die eingeladen werden mussten. Ein Kapo suchte dafür zehn Häftlinge aus. Als der Wagen hoch beladen war, ordnete ein SS-Mann an, dass sich sieben Drucker oben auf den Holzstapel setzen sollten. Czerwonykamien durfte entscheiden wer. Er wählte den Kern der Drucker, so dass wir mit dem Rest der Typografen das Nachsehen hatten. Am Nachmittag desselben Tages kehrte der Wagen zurück, um noch einen Teil der Baracken abzuholen. Wiederum durften sieben Personen mit und auch dieses Mal waren wir nicht dabei. Wir fingen langsam an zu verzweifeln, aber zu unserer Erleichterung erschien der Wagen am nächsten Morgen erneut. Jetzt waren wir an der Reihe. Der Fahrer sprach keinen Ton mit uns, eines war jedoch sicher: Die anderen konnten nicht weit weg sein, denn die Zeit, die der Fahrer brauchte, um einzuladen und zurückzufahren, betrug nur einige Stunden. Als wir mit dem Verladen fast fertig waren, erschienen ein SS-Mann, der Oberkapo und zwei niederländische Häftlinge. Die beiden hatten versucht zu fliehen, was hier ein sinnloses Unterfangen war. Kurz darauf fielen Schüsse, woraufhin der SS-Mann und der Kapo ohne die beiden Häftlinge, aber mit einem Bündel Kleider zurückkamen. So ging es hier zu.

Wir fuhren als letzte aus der Gruppe zum dritten Mal dem Ungewissen entgegen – zuerst aus Westerbork, danach aus Sobibór und jetzt aus Dorohucza.

Nach ungefähr einer Stunde Fahrt erreichten wir Lublin. Wir fuhren in ein großes Konzentrationslager, das »Alter Flugplatz« hieß. Dieses Lager war ein Nebenlager des schräg gegenüber gelegenen, größeren Majdanek, das bei den Polen wegen seines strengen, unmenschlichen Regimes berüchtigt und gefürchtet war. Neben dem hohen Eingangstor sah ich ein großes Gebäude aus Stein mit einem klotzigen viereckigen Turm, aus dem eine schwarze Fahne mit weißen SS-Runen hervorragte. Es schauderte mich. Als erstes wurden die Frauen von den Männern getrennt. Man brachte sie in einen anderen Teil des Lagers.

Wir hielten an einer Stelle, an dem Häftlinge damit beschäftigt waren, Baracken zu bauen. Wir luden den Lastwagen ab. Die SS-Männer, die zuschauten, schrien andauernd: »schneller, schneller, dalli dalli«, und schlugen unentwegt mit ihren Peitschen. So schlimm hatten wir es nicht einmal in Dorohucza erlebt. Während des Ausladens kam ein Scharführer auf mich zu und fragte, was ich hier tun solle. Ich sagte, dass ich zu den Druckern gehörte und hier in einer Druckerei arbeiten solle.

»In einer Druckerei? Das letzte, was wir haben, ist eine Druckerei. Hier, du Schweinehund, wirst du mit deinem faulen Hintern richtig arbeiten müssen. Wo kommst du her?«

»Aus Holland, Herr Scharführer.«

»Das trifft sich gut, denn hier lieben wir leckeres holländisches Schweinefleisch. Riech mal!«. Dabei drückte er mir seine Peitsche unter die Nase. Als er mir ein paar harte Schläge versetzt hatte, sagte er: »Sorg dafür, dass du hiermit nicht zu viel in Berührung kommst. Das wäre schade für deine schöne Haut.« Diesen rohen Empfang konnte man noch ertragen, aber wenn ich diesem Lump glauben sollte, gab es im Lager keine Druckerei. Hatte man uns doch zum Narren gehalten?

Als wir mit der Arbeit fertig waren, wurden wir registriert und von einem Kapo zu einer Baracke gebracht. Wir traten ein und wurden von dem furchtbaren Gestank fast ohnmächtig. Auf dem Boden und auf einigen Pritschen lagen menschliche Wesen, die elend starben. Sie sahen so verschmutzt und ausgemergelt aus, dass sie kaum noch gehen konnten. Das müssen also die »Muselmänner« sein, von denen Wins uns erzählt hatte. Ihre Augen waren tief in den Höhlen versunken und ihre Knochen stachen fast durch die Haut.

Man wies uns eine Stelle bei einem Haufen menschlicher Fäkalien an. Auf meinem Platz lag ein Strohsack mit so vielen Läusen, dass er wie eine einzige wimmelnde Masse wirkte. Trotz der vielen Läuse in Dorohucza war das hiermit nicht zu vergleichen. Von dem Barackenführer, der selber ein Häftling war, kriegten wir eine Kelle braunes Wasser in unseren Topf, den wir aus Dorohucza mitgenommen hatten. Er nannte es Suppe.

Als wir so schnell wie möglich hinausgingen, um etwas frische Luft zu schnappen, trafen wir dort die anderen Drucker. Auch ihre Enttäuschung war groß, als sie erfahren hatten, dass es hier gar keine Druckerei gab.

Einer der Drucker, Rozaneck, humpelte mit großer Mühe weiter. Er hatte auf die Frage, ob er Gold oder Geld bei sich habe, verneinend geantwortet. Weil er gesund aussah und relativ saubere Kleidung trug, wurde er durchsucht, wobei einige tausend Złoty zum Vorschein kamen. Zur Strafe hatte er 100 Peitschenschläge bekommen. Man hatte ihn so übel zugerichtet, dass es ein Wunder war, dass er überhaupt noch lebte. Diese und noch viel schrecklichere Sachen geschahen im Alten Flugplatz in Lublin.

Abends um neun Uhr wurde noch gearbeitet. Die SS holte dazu auch Männer aus unserer Baracke. Sie mussten zu dieser späten Stunde noch Baumstämme schleppen. Es gab keinen Grund dafür. Es war reine Quälerei, denn nach einiger Zeit sah ich dieselben Männer mit den Stämmen wieder zurückkehren. Das war mehr als Schikane – er war purer Sadismus. Es war schrecklich, mit ansehen zu müssen, wie sie mit letzter Kraft die Stämme wuchteten, voller Angst vor den Tritten und Peitschenschlägen der lachenden und sich amüsierenden SS-Männer und Ukrainer. Um zehn Uhr wurde für die Unglücklichen zum erlösenden Appell geblasen. Danach durften sie in ihre Baracke zurück. Das Brot, das der Barackenführer austeilte, war für den nächsten Morgen gedacht, aber niemand hatte die Selbstbeherrschung, so lange zu warten. Ich fragte mich, ob es uns auch so ergehen würde. Allein schon der Gedanke brachte uns zur Verzweiflung.

Obwohl uns die SS-Männer hin und wieder durchsuchten, betrieben einige Häftlinge im Lager einen »Handel«. Manch einer der Neuankömmlinge tauschte bei ihnen, von Hunger getrieben, seine Hose gegen ein schlechteres Exemplar ein oder verkaufte seinen Gürtel oder sein Messer. Dafür bekam man eine Menge Złoty, für die man sich ein Stück Brot, Butter, Speck oder ein Ei kaufen konnte. Diese Lebensmittel wurden irgendwie in das Lager hinein-geschmuggelt. Seine Hose konnte man nur einmal tauschen; das Brot und die Butter waren, wenn man noch klar denken und dem-entsprechend handeln konnte, in ein paar Tagen weg. Der »Kurs« für ein Brot betrug 350 Złoty, 50 Gramm Butter kosteten 50 Złoty.

Am nächsten Morgen wurde ich beim Appell mit den Männern aus Dorohucza in die »Radiofabrik« eingeteilt, einen Ort mit einem viel versprechenden Namen. Von der Fabrik, in der früher Flugzeuge repariert wurden, waren nur noch die Hallen übrig. Man hatte dort Werkbänke und verschiedene Maschinen gelagert. Es war nicht vorgesehen, sie wieder zu benutzen, weil die Anschlüsse ans Elektrizitätsnetz fehlten. Sie hätten auch kaum funktioniert, da alles, was dort stand, aus dem letzten Jahrhundert stammte. Es schien, als wolle man uns Dorohucza-Männer dort zusammen-halten. Da stand ich also, in der Nähe von Leo und Joop, mit einem

Putzlappen in der Hand und tat nichts. Wenn ein SS-Mann sich näherte, wurde gearbeitet, nachdem das Wort »sechs« gerufen wurde, ein Code für Gefahr, den jeder verstand.

Vor der Tür hielt ein ukrainischer Aufseher Wache, von dem man nichts zu befürchten hatte. Allerdings kam ab und zu ein Scharführer herein, um Arbeitskräfte für den Barackenbau zu holen. Wenn er auftauchte, versuchte ihm jeder auszuweichen, denn der Bau hatte einen schlechten Ruf. Die Aufseher liefen dort andauernd um einen herum und schrien Befehle. Sie hatten ihre Peitschen nicht umsonst bei sich. Man wurde geschlagen, wenn man ihrer Meinung nach zu langsam arbeitete oder wenn man etwas nicht richtig gemacht hatte. Gott behüte einen vor dem Pech, etwas aus Versehen fallen zu lassen, auch wenn es nur ein Nagel war, denn dann wurde man der Sabotage beschuldigt und mit 25 Peitschenschlägen gnadenlos bestraft.

Die ukrainischen Wachmänner, die auch hier zum System gehörten, hatten meistens Hunde bei sich. Ab und zu kamen sie nahe an einen heran und lockerten die Leine, an die die Tiere gebunden waren. Die Hunde waren darauf abgerichtet, nach dem Hosenbein der Häftlinge zu schnappen. Geriet man in Panik, brüllten die Aufseher vor Vergnügen.

Die Tage verliefen aussichtslos. Die Hoffnung, hier je wieder wegzukommen, hatten wir fast aufgegeben. Und an die Druckerei, die man uns in Aussicht gestellt hatte, dachten wir schon gar nicht mehr.

Am sechsten Tag in Lublin putzten wir wieder in der Radio-fabrik, als nachmittags ein SS-Mann hereinkam und uns befahl, mit der Arbeit aufzuhören und uns in Reih und Glied aufzustellen. Er brachte uns an einen Ort, wo wir uns ausziehen mussten; auch unsere Schuhe und Hosengürtel mussten wir beiseite legen. Alles, was wir im Lauf der Zeit aufgehoben hatten, mussten wir auf einen Karren werfen. Ich besaß noch die Geistesgegenwart, den kleinen Spiegel mit Chels Bild unter meine Achsel zu pressen.

Gegenüber der Baracke, wo wir standen, befand sich ein kleines Gebäude aus Stein mit der Aufschrift »Badeanstalt«. Als wir nackt den Lagerweg überquerten, genierten wir uns ein bisschen, weil uns die Frauen im Vorbeigehen musterten. Nach einer kurzen Wartezeit wurde die erste Gruppe mit Peitschenschlägen hineingetrieben. Alles spielte sich blitzschnell ab. Wir mussten mit möglichst vielen Männern gleichzeitig unter einer einzigen Dusche stehen, woraufhin ein SS-Mann den Hahn aufdrehte. Es war jedoch nicht möglich, das zu genießen, weil jeder versuchte, etwas von dem Wasserstrahl abzukriegen. Dennoch empfand ich das Duschen – auch ohne Seife – als eine Sensation, weil es schon lange her war, dass ich warme Wassertropfen auf meiner Haut gespürt hatte. Mir war, als würde ich etwas leichter. Nur der SS-Mann mit seiner Peitsche störte das angenehme Gefühl, indem er uns auf die nackten Körper schlug, wobei es ihm die größte Freude bereitete, uns an den Geschlechtsteilen zu treffen. Als wir aus der Dusche kamen, warf man uns einige Lumpen zu. Sie waren noch feucht von der Heißluft, mit der man die Läuse vergeblich zu töten versucht hatte. Meine Schuhe, die noch auf dem Karren lagen, konnte ich mir gerade noch schnappen.

Inzwischen begann es in Strömen zu gießen. Wir wurden zum Appellplatz gebracht, wo wir stundenlang in unseren klatschnassen Sachen stehen mussten. Nachdem der Rapportführer sich bequemt hatte, uns zu zählen, bezogen wir in der Dämmerung eine ganz neue Baracke. Wir begriffen, dass das Duschen dazu gedient hatte, uns frei von Läusen einziehen zu lassen. Elektrisches Licht gab es nicht und in den Fenstern war noch kein Glas. Völlig durchnässt mussten wir praktisch ohne Kleidung und ohne Decken schlafen. Alle Bedingungen, eine Lungenentzündung oder Tuberkulose zu bekommen, waren erfüllt.

Am nächsten Morgen – ich zitterte vor Kälte und meine Kleider waren immer noch feucht – kehrten wir entmutigt in die Radiofabrik zurück. Als die Sonne auf das Dach zu scheinen anfing und es innen etwas wärmer geworden war, fühlten wir uns langsam wieder wie Menschen. Wir hörten das Gerücht, dass irgendwo in der Halle zwischen Maschinen und unter Tüchern ein Radio verborgen war, mit dem man russische Nachrichten empfangen konnte. Es stimmte und wir konnten uns nach Wochen das erste Mal über den Frontverlauf informieren.

Gegen Mittag wurden alle aus der Drucker-Gruppe zum Abbrechen einer alten, verfallenen Baracke zusammengetrommelt. Das führte zu seltsamen Situationen, weil wir zwischen und hinter den Brettern und an anderen unmöglichen Stellen Geld und Wertgegenstände fanden. Wir hatten keine Ahnung, was mit den Menschen geschehen war, die die Baracke offensichtlich in großer Eile verlassen hatten. Wir fragten uns, ob sie an eine andere Stelle des Alten Flugplatzes gebracht oder vielleicht nach Majdanek deportiert worden waren. Letzteres konnte den Tod in den Gaskammern bedeuten.

Joop hatte hinter einem losen Brett einen 20-Dollar-Schein gefunden. Der Kurs eines Dollars betrug zu dem Zeitpunkt 600 Złoty. Aber unerfahren wie Joop war, bekam er nur 500 dafür. Er kaufte dafür zwei Kilo Brot, 50 Gramm Butter, ein paar Zuckerwürfel und ein paar Zigaretten. Weil wir verabredet hatten, alles, was wir finden würden, zu teilen, aßen wir die Sachen zusammen auf. Mit diesen zusätzlichen Lebensmitteln konnten wir es etwas länger aushalten. Nach einigen Tagen war das Brot alle und wir mussten wieder sehen, wie wir mit unserer kargen Ration auskamen.

Mit den Frauen im separaten Teil des Lagers konnten wir nicht in Kontakt kommen, außer mit denen, die tagsüber im Männerteil arbeiten mussten.

Im Anschluss an einen Appell wurde ein Zug Frauen in unser Lager geführt. Wir spürten, dass etwas Besonderes geschehen würde. Als die Frauen näher gekommen waren, mussten wir uns ihnen anschließen. Gemeinsam marschierten wir zu einem Platz in der Mitte des Lagers, wo sich Frauen und Männer getrennt aufstellen mussten. Dort schauten einige SS-Männer und Ukrainer zu, wie zwei jüngere Männer ein Gerüst aufbauten. Was sie da aufstellten, sah aus wie Torpfosten. Doch bald zeigte sich, dass die Pfosten für einen anderen Zweck bestimmt waren; ein Galgen wurde aufgebaut. Das ließ mich gewaltig erschrecken, weil ich noch nie eine Exekution aus der Nähe erlebt hatte. Als das Gerüst abgestützt worden war, gaben die SS-Männer den beiden Jungen einen Strick, den sie um die Querlatte legen mussten. Als sie damit fertig waren, legten die SS-Leute die Schlingen. Danach mussten sich die jungen Männer auf einen Stuhl stellen und wurden von dem »Volksdeutschen« Schmidt gefesselt. In dem Moment näherte sich der Lagerkommandant, SS-Unterstumführer Wolfgang Mohwinkel[8], behäbig auf seinem Schimmel sitzend, der Hinrichtungsstelle. Vom Pferd runter hielt er eine kurze Ansprache, deren Beginn zum geflügelten Wort werden sollte: »Meine lieben Juden, ihr seid Schweine!« Danach sagte er: »Diese Männer haben wir schlafend in einer Ecke hinter einer Baracke angetroffen. Weil hier die Devise lautet: Wer nicht arbeitet, ist nutzlos, haben sie sich selbst aus der Gemeinschaft entfernt. Eine Kugel werde ich nicht an sie verschwenden. Darum werden sie hier, vor euren Augen, aufge-hängt. Das soll jedem eine Warnung und auch eine Lehre sein, was mit solchen Leuten geschieht. Ihr braucht keine Angst zu haben – wovor denn auch. Am Essen, Schlafen und Arbeiten gibt es nichts auszusetzen. Es gibt auch keinen Grund, sich der Arbeit zu entziehen oder an Flucht zu denken. Das hätte keinen Zweck, denn wir würden euch kriegen. Mit allen entsprechenden Folgen.«

In der Totenstille, die nun herrschte, gab Mohwinkel Schmidt ein Zeichen. Dieser befahl den beiden jungen Männern, den Kopf in die Schlinge zu legen. Mit angehaltenem Atem und ohnmächtiger Wut verfolgten wir das Geschehen. Die meisten wendeten den Blick ab und starrten vor sich hin. In dem Moment, als Schmidt den Stühlen einen Tritt gab und die Jungen am Galgen hingen, musste ich einfach kurz hinschauen. Für den jungen Polen und den Nieder-länder Jim Kleerekoper begann ein kurzer, aber schrecklicher Todeskampf. Nachdem sie gestorben waren, mussten wir noch eine Stunde auf dem Platz stehen. Männer wie Mohwinkel, die Verbrechen der schlimmsten Art begingen, wurden vom Führer mit dem Kriegsverdienstkreuz belohnt.

Das »Herrenvolk« verfügte über weitere sadistische Methoden. Bei einem der Abendappelle trat Mohwinkel persönlich auf. Normaler-weise überließ er das dem Rapportführer. Er ließ sich vor den ange-tretenen Häftlingen nieder und beobachtete wie ein Feldherr, wie wir auf das Kommando »Mützen ab! Mützen auf!« reagierten. Diese Zeremonie war dem jüdischen Lagerältesten vorbehalten, der normalerweise »Mützen ab!« schrie, bevor die diensthabenden SS-Männer die Reihen entlang gingen, um uns zu zählen, und »Mützen auf!«, wenn der Appell vorbei war. Die Mütze, die zu unserer Häftlingskleidung gehörte, diente ausschließlich dem Zweck sie abzunehmen, wenn ein SS-Mann vorbeikam. Der Kommandant war zu Quälereien aufgelegt und ließ uns bestimmt zwanzig Mal das Kommando »Mützen auf!« ausführen. Er wollte uns einmal ordentlich triezen. Also war er der Meinung, dass wir die Mützen nicht im Takt auf- und absetzten, obwohl wir uns in seiner Anwesenheit besondere Mühe gaben, den Befehl gleichzeitig zu befolgen. Aber wer einen Hund prügeln will, findet auch einen Stock. Der Kommandant befahl den Aufsehern, sich zwischen uns zu stellen. Wer seine Mütze den Bruchteil einer Sekunde zu früh oder zu spät aufsetzte, wurde aus der Reihe geprügelt und mit Tritten an eine Stelle seitlich des Appellplatzes befördert. Schließlich befanden sich dort etwa 50 Personen, darunter auch Joop. Dann begann ein langes, widerliches Schauspiel. Die ausgehungerten, erschöpften, erschrockenen Häftlinge mussten in Reihen antreten und in hohem Tempo allerlei Befehle befolgen: auf Bauch und Ellenbogen fallen, aufstehen, Kniebeugen machen, wie ein Frosch springen und rennen. Ständig wurde geschrien: Kommando links, Kommando rechts, Mützen ab, Mützen auf, springen und was man sich sonst noch einfallen ließ. Dabei machte man unbarmherzig Gebrauch von Gewehrkolben und Peitschen. Die Männer, die hinfielen oder zu spät reagierten, wurden furchtbar geschlagen. Manche blieben bewegungslos liegen.

Wir »Glücklichen«, die das nicht über sich ergehen lassen mussten, schauten zornig und machtlos zu. Schlimmer als dieses grausige Spiel war die Machtgier und die Erkenntnis, dass niemand in der Welt imstande war, diese und andere Foltern zu stoppen oder die Verbrecher hier und jetzt zur Verantwortung zu ziehen. Sie waren davon überzeugt, dass ihre Gräueltaten nie ans Licht kommen würden und sie niemals Rechenschaft dafür ablegen müssten. Umso hemmungsloser tobten sie sich an uns aus.

Nach dieser Exerzierübung kamen die Gefolterten hinkend, mit Blut beschmiert, mit geschwollenen Gesichtern und zerrissenen Kleidern, wimmernd vor Schmerzen in die Baracke zurück. Das Allerschlimmste daran waren wohl die Ohnmacht und menschliche Erniedrigung, mit der wir das ertragen mussten.

Alter Flugplatz Lublin 1989

Am vierzehnten Tag unserer Anwesenheit im Alten Flugplatz, dem 27. Juni, besuchte Seifert, einer der Führer der Osti[9], das Lager. Osti war eine Abkürzung von »Ostindustrie GmbH«, ein lukratives SS-Unternehmen, das die billigsten Arbeitskräfte hatte, die es überhaupt gab: die Juden in Lagern wie unserem, in Dorohucza und zahlreichen anderen Lagern im Lubliner Bezirk. Dort gab es Konfektionsbetriebe, Schuhmachereien, Bürsten- und Steingutfabriken, Pelzverarbeitungsbetriebe, Gerbereien und andere Werkstätten. Ein beträchtlicher Teil der Erzeugnisse wurde der Wehrmacht geliefert, die auf diese Weise äußerst billig an ihre Produkte kam. Die Werkstätten wurden Platzufkas (poln. placówka) genannt, Orte, an denen man zur Arbeit eingeteilt wurde.

Seifert hatte seinen jüdischen Vertrauten, Marian Winogrodski, mitgenommen, der dazu auserkoren war, die Leitung einer SS-Druckerei in der Stadt Radom zu übernehmen. Er ließ Czerwonykamien rufen, um mit ihm zu besprechen, wer dorthin fahren sollte.

Während des Gesprächs stellte sich heraus, dass es in anderen Lagern in der Lubliner Gegend noch vier weitere, jeweils 20 Mann starke Gruppen gab, die aus dem grafischen Gewerbe kamen. Insgesamt sollte die Druckerei, so hatte es Seifert bestimmt, mit 100 Juden betrieben werden.[10] Unser Schicksal und unser Leben lagen in den Händen von Winogrodski und Czerwonykamien. Jetzt sollte sich herausstellen, ob Czerwonykamien den Mut hatte, uns drei Niederländer zu berücksichtigen.

Als er nach spannenden Stunden endlich zurückkehrte, erzählte er uns mit einigem Stolz, dass unsere Namen auf die offizielle Liste gesetzt worden waren. Das war die beste Nachricht des Tages. Auch alle anderen Mitglieder unserer Gruppe, einschließlich der Frauen, standen auf der Liste.

Seifert verschwendete keine Zeit. Während des Appells am nächsten Morgen wurden die Namen von Männern aufgerufen, die nach vorne treten mussten. Andere, die schon länger im Lager waren, hatten das schon öfter miterlebt. In den meisten Fällen bedeutete es eine Reise in den Tod. Die Aufgerufenen wurden auf Lastwagen nach – wie die ukrainischen Aufseher es euphemistisch ausdrückten – Trawniki abtransportiert. Das war nicht nur der Name eines Lagers in der Region Lublin, sondern auch eine Metapher für den Tod. Diesmal jedoch hofften und erwarteten die Menschen, deren Namen vorgelesen wurden, die Hölle gegen ein Lager in Radom eintauschen zu können, wo sie, wie ihnen vorgegaukelt worden war, in einer Druckerei arbeiten sollten. Der Lagerälteste verlas die Namen »Abramowicz, Krakowski, Lewkowicz, Migdalek, Rachman, Rozaneck, Rozenzweig, Schelvis, Schwalbe, Silberstajn, Turek, De Vries, Wins« und ließ uns vortreten. Als ich meinen Namen und den von Leo und Joop hörte, seufzte ich vor Erleichterung. Wie war ich froh, aus diesem Lager wegzukommen. Mit klopfendem Herzen warteten wir hilflose, in Lumpen gekleidete, hungrige Männer auf die Abfahrt. Stand uns die Druckerei oder doch Trawniki bevor? Hatten wir das Glück auf unserer Seite oder würden wir unsere letzte Reise antreten? Wir blieben noch lange auf dem Appellplatz stehen, während um uns herum das Lagerleben weiterging, der ständige Neubau und Abbruch von Baracken, das Schleppen von Baumstämmen und Holzschwellen, das Anlegen von Lagerwegen, die Arbeit in den Werkstätten. Die SS-Männer und Ukrainer, die nicht müde wurden, ihre Machtgier auszuleben und ständig brüllten: »Prętko, Prętko, Arschloch, Schweinehund«, während sie Tritte verteilten und mit Peitschen und Gewehren schlugen. So sah der Alltag auf dem Alten Flugplatz aus.

Endlich, nachdem uns die Minuten wie Stunden vorgekommen waren, wurden wir zur Rampe geschickt. Dort standen schon 80 Typografen aus anderen Lagern, darunter Frauen. Es war ein bewegendes Zusammentreffen: Falls wir wirklich in einer Druckerei landen würden, dann hätten wir die Chance, weiterzuleben. In Gedanken sah ich mich schon in einem warmen Raum arbeiten, wo es Wasser, Toiletten und andere Einrichtungen gab. Allein schon der Gedanke, mit Papier, Tinte und Schriftsatz in Berührung zu kommen, verwandelte mich in einen anderen Menschen.

Die Gruppe bestand jetzt aus 100 Personen, von denen die meisten aus Warschau stammten. So grob, wie es nun einmal im Alten Flugplatz zuging, wurden wir in zwei Güterwaggons gedrängt.

Der Zug fuhr langsam aus dem Lager heraus. In der halb geöffneten Tür unseres Waggons stand ein SS-Mann mit dem Gewehr im Anschlag. Nach ungefähr acht Stunden quälend langsamer Fahrt kamen wir am späten Nachmittag auf einem kleinen Bahnhof am Rande der Stadt Radom an.

Das Ghetto von Radom

Radom war 1940 eine Stadt mit ungefähr 100.000 Einwohnern. Es liegt 100 Kilometer südlich von Warschau an der Hauptstraße, die von der Hauptstadt nach Krakau führt. Vor dem Ausbruch des Zweiten Weltkrieges hatte Radom eine große jüdische Gemeinde, die hauptsächlich aus Handwerkern und einer intellektuellen Oberschicht bestand. Wie in allen von den Deutschen eroberten Gebieten wurden auch hier die Juden deportiert. Radom bildete keine Ausnahme. Kurz nach dem deutschen Einmarsch im September 1939 wurden die ersten Juden auf dem Lande von Haus und Hof vertrieben. Man konzentrierte sie in Orten, die an einem Eisenbahnknotenpunkt lagen. Das war in der Logik der geplanten Vernichtung von Bedeutung, da die Festsetzung von Juden in kleinen Ghettos zu umständlich und zeitraubend war. Warschau, Krakau und Lublin und ebenso Radom, wo zur Zeit der deutschen Invasion ungefähr 40.000 Juden lebten, waren – neben vielen anderen – solche Ghettos.

Im Gegensatz zu den tagelangen Transporten, die die Juden aus Westeuropa in die Vernichtungslager erleiden mussten, waren die polnischen Juden nur wenige Stunden bis zu den Orten ihrer Vernichtung unterwegs. Als sich die Tore von Bełżec, Sobibór und Treblinka öffneten, waren sie die ersten, die dorthin gebracht wurden. Diese drei Vernichtungslager lagen im Generalgouvernement[11], ein von den Deutschen verwaltetes Gebiet im östlichen Teil Polens. Nachdem man über 90 Prozent der jüdischen Bevölkerung deportiert und ermordet hatte, blieb in Radom eine jüdische Gemeinde von ungefähr 3.000 Personen zurück, die in der deutschen Kriegsindustrie arbeiteten. Sie lebten in einem Ghetto, das aus vier Straßen bestand und im Zentrum der Stadt lag. Es hieß offiziell »Jüdisches Zwangsarbeiterlager Radom« und war durch Zäune von der Umgebung abgetrennt.

Jules Schelvis in Radom 1989

Als wir nach der Zugfahrt auf dem Bahnhof ankamen und aus den beiden Güterwaggons stiegen, warteten dort schon sechs Männer auf uns: ein SS-Rottenführer, drei polnische Polizisten und zwei Männer in Zivil, die schwarze Uniformkappen mit einem roten Band und einen Davidstern trugen. An ihrem Ärmel war mit Sicherheitsnadeln eine gelbe Binde mit der Aufschrift »Jüdischer Ordnungsdienst« befestigt, und rechts über der Brust stand eine Nummer. Es waren jüdische Polizisten, die mit einem Gummiknüppel bewaffnet waren. Wir wechselten ein paar Worte auf Jiddisch mit ihnen, aus denen wir schließen konnten, dass bessere Zeiten anbrechen würden und es mehr als genug zu essen gab. Wir waren überrascht, als wir erfuhren, dass es im Ghetto eine jüdische Selbstverwaltung geben durfte, eine Art Judenrat, den der relativ integre Polizeikommissar Jechiel Sitner leitete. Die Leute vom Ordnungsdienst erzählten uns, dass sich die SS-Männer nur selten im Lager blicken ließen. Wir trauten unseren Ohren nicht. Wie war es möglich, dass zu diesem Zeitpunkt in Polen, neben den auf vollen Touren laufenden Vernichtungslagern, noch ein Ghetto existierte? Wieso meinte es das Schicksal mit ein paar tausend Radomer Juden so gut? Welche Mächte hatten dafür gesorgt, dass ich, der eigentlich in Sobibór hätte vergast werden sollen, hier gelandet war?

Der Fußmarsch, der ziemlich undiszipliniert verlief, führte über abgelegene Gassen ins Stadtzentrum. Ich hätte mir nicht träumen lassen, dass ich nach einigen Wochen der Barbarei wieder normal auf der Straße gehen und Häuser sehen würde, die für Marc Chagalls Gemälde Modell hätten stehen können. Schließlich gelangten wir zu einer Straße, die mit einem großen Holzzaun abgesperrt war. Ein jüdischer Polizist öffnete das Tor und wir betraten das Ghetto.

Als unsere Gruppe noch am Tor stand und auf die Registrierung wartete, bekamen wir schon Esswaren und Zigaretten zugesteckt. Nach den Wochen in den Lagern waren wir stark unterernährt. Mit unserer zerrissenen und verschmutzten Kleidung sahen wir aus wie Landstreicher. Das berührte unsere Brüder und Schwestern im Ghetto sehr. Sie hatten bisher noch nie erlebt, dass Menschen, die einmal mit brachialer Gewalt aus Städten und Dörfern vertrieben worden waren, in die jüdische Gemeinschaft zurückkehrten. Umso mehr Verständnis brachten sie uns entgegen. Uns überkam Rührung. Nach allem, was ich mitgemacht hatte, glaubte ich zu träumen, weil ich mir nicht mehr vorstellen konnte, dass ein Mensch einem Fremden freiwillig sein Brot und seine Zigaretten überließ. Mir wurde bewusst, dass ich mich in der relativ kurzen Zeit, die ich in Dorohucza und Lublin gewesen war, durch die extremen Bedingungen verändert hatte. Das Leben dort hatte meine ethischen Normen verändert. Mit allen Mitteln hatte ich um einen Krümel Brot gekämpft. Hier konnte ich über mein Tun und Lassen wieder nachdenken. Das Ghetto von Radom erwies sich als der Himmel auf Erden. Fremde Menschen, Schicksalsgenossen, die ich kaum verstehen konnte, die anderen halfen. So ist alles im Leben relativ. Die Ankunft im Ghetto war eine unvergessliche Erfahrung.

Nach der Registrierung, die reibungslos verlief, verbreitete es sich wie ein Lauffeuer, dass unter den Neuankömmlingen drei Holländer waren. Darum standen wir schon bald im Mittelpunkt des Interesses. Keiner der Ghettobewohner hatte jemals einen Niederländer getroffen, geschweige denn sprechen hören – mit diesem seltsamen Akzent, den vielen Ach-Lauten hinten im Rachen. Bis spät in den Abend standen wir mit vielen Schicksalsgenossen zusammen und berichteten, wie es uns hierhin verschlagen hatte. Sie konnten sich nicht vorstellen, dass die Deutschen auch Juden aus Westeuropa nach Polen gebracht hatten, um sie dort zu vergasen. Sie wollten wissen, wie wir in den Niederlanden gelebt hatten, und fragten sich, ob wir denn echte Juden waren, weil wir kein Jiddisch sprachen. Wir versuchten ihnen zu erklären, dass wir uns in erster Linie als Niederländer empfanden und dann erst als Juden. Das konnten sie nicht richtig nachvollziehen, weil sie sich als Juden und nicht wie polnische Bürger fühlten.

Wir wollten wissen, ob es innerhalb oder außerhalb des Ghettos eine Druckerei gebe, obwohl uns das plötzlich nicht mehr so wichtig vorkam. Die Ghettobewohner hatten zwar von einer Druckerei gehört, wussten aber nicht, wo sie war. Jedenfalls nicht im Ghetto. Es gab allerdings andere Werkstätten außerhalb des Ghettos: Schneidereien, eine Schuhfabrik, einen Uhrmacher, eine Steingutfabrik, eine Bürstenmacherei, eine Torfstecherei sowie eine Gärtnerei. Auch Sitner war nichts von einer Druckerei bekannt. Die Ankunft der Drucker aus dem berüchtigten Lublin wurde als günstiges Zeichen gesehen, weil die Radomer daraus schlossen, dass das Ghetto – wenigstens vorläufig – ein sicherer Hafen sei.

Wir bekamen einen Schlafplatz auf der ersten Etage eines kaserneähnlichen Gebäudes an der Brudna zugewiesen. Es war nicht die beste Unterkunft, aber wir waren froh, dass in den leeren Räumen wenigstens Strohsäcke und Decken lagen und dass uns keine SS-Männer und Barackenführer belauerten. Wir konnten das erste Mal seit Wochen ohne Angst schlafen. Ein paar von uns, die sich für etwas Besseres hielten, ließen sich darauf ein, bei der Oberschicht des Ghettos zu essen und zu übernachten. Sie wurden nicht aus Altruismus dazu eingeladen. Im Ghetto nahm man an, dass die Druckerei, wenn sie einmal in Betrieb wäre, zur besten und am längsten funktionierenden Platzufka werden würde. Daher wollten sie ein gutes Verhältnis zu den Druckern aufbauen. Sie glaubten, das mit Geld erreichen zu können. Und daran schien bei den drei Ärzten, zig Polizisten und anderen Honoratioren kein Mangel zu herrschen.

Am nächsten Morgen wusch ich mich gründlich am Wasserhahn im Flur. Dort hing ein Handtuch zum Trocknen, das ich mir
der Einfachheit halber auslieh. Danach bekam jeder von uns
zusätzlich zur eigenen Ration ein halbes Brot und etwas Wasser.
Das war ein Geschenk der Radomer Juden, die im Konfektionsatelier
arbeiteten; der Judenrat hatte sie darum gebeten, uns ihre Tagesration abzutreten.

Nach dem Essen machten wir uns auf, um das Ghetto zu
erkunden. Wir gingen zuerst zur kleinen Schuhmacherei an der
Szpitalna, wo zwei ältere Handwerker Schuhe für die Ghettobewohner anfertigten oder reparierten. Weil man ihnen ihre
Spezialnähmaschinen weggenommen hatte, mussten sie alle
Arbeiten manuell ausführen. Sie boten uns an, unsere Schuhe zu
flicken, weil der vergangene Monat sie sehr in Mitleidenschaft
gezogen hatte. Ohne etwas dafür zu verlangen, versahen sie unsere
Schuhe mit neuen Sohlen und Absätzen. Woher hätten wir auch
das Geld nehmen sollen, um sie zu bezahlen? Mit Interesse schauten
wir zu, wie sie mit Schusterpfriem, Holzstiften sowie Nadel und
Garn umgingen. Sie fertigten auch hervorragende Stiefel an, mit
denen sie die Oberschicht des Ghettos belieferten. Von den
Schustern und den Passanten, die unterwegs einen Schwatz mit uns
hielten, bekamen wir Zigaretten. Das erste Wort, das wir lernten,
war Papyrossi, die in den Marken Egypski, Club und Unakki erhält-
lich waren. Wir steckten sie ein, weil wir noch nicht wussten, womit
wir später Geld verdienen sollten. Als wir weitergingen, gelangten
wir in die Hauptstraße des Ghettos, die Szwarlikowska. Sie hatte
wie die Brudna ein Kopfsteinpflaster. Nur die Zytnia war nicht
gepflastert; wenn es regnete, wurde sie zum Schlammtümpel.

In der Szwarlikowska gingen wir durch ein Tor, das zu einem
kleinen Krankenhaus führte. Es bestand aus zwei Zimmern mit
jeweils vier Betten, die ordentlich mit Kissen, Decken und Bettlaken
ausgestattet waren. Als wir hineingingen, lagen dort schon Patienten
aus unserem Transport. Der Gang zwischen den Zimmern führte auf
einen chaotischen Innenhof und einen Garten, in dem das Haus des
Krankenpflegers Ajzyk Kurc[12] lag. Er hatte dort eine kleine Küche
mit einigen rostfreien Stahltöpfen, in denen er medizinische

Instrumente desinfizieren konnte. Nach allem, was wir mitgemacht hatten, war dies ein unerwarteter Luxus; einen größeren Gegensatz zu Dorohucza und Lublin konnte man sich kaum vorstellen. Dort wurde man als Kranker in die Todeslager Sobibór oder Trawniki gebracht. In Radom taten die Ärzte alles, um einen gesund werden zu lassen.

Der Beginn der Szwarlikowska war mit zwei breiten Holztüren abgetrennt. An der Außenseite stand eine Wache, in der ein polnischer Polizist Dienst tat. Er saß dort eher der Form halber, als dass er wirklich aufpasste, ob jemand das Lager verließ. Die jüdischen Polizisten durften sich außerhalb des Ghettos bewegen, vorausgesetzt, sie trugen ihre Uniformkappe und die Armbinde. Am Ende der Szwarlikowska, die ungefähr 250 Meter lang war, lag noch ein winziges Krankenhaus mit einem einzigen Zimmer, und ganz in der Nähe befand sich eine Bäckerei, in der braune runde, zwei Kilo schwere Weizenbrote gebacken wurden. Gegenüber meiner Unterkunft in der Brudna lagen zwei Lager, die mit Lebensmitteln gefüllt waren. Diese wurden täglich mit Panjewagen, offenen Bauernkarren mit Holzrädern, vom Truppenwirtschaftslager angeliefert. Später wurden Lastwagen eingesetzt.

Die Häuser in der Szwarlikowska und Szpitalna waren nicht viel schlechter als die der Polen außerhalb des Ghettos, aber erheblich besser als die Bruchbuden in der Brudna. Die Honoratioren, die von den »Minderbemittelten« als »Prominente« oder »Bessere« bezeichnet wurden, wohnten in der Szwarlikowska. Die Zytnia war eigentlich unbewohnbar, zumal die meisten Häuser in dieser Straße Ruinen waren. Trotzdem lebten dort noch Familien. Wenn man durch diese Straße ging, musste man damit rechnen, von der polnischen Seite aus, von der Walowa, beschimpft und mit Steinen beworfen zu werden. Der Antisemitismus war in Polen so ausgeprägt, dass man uns nicht einmal im abgesperrten Ghetto in Ruhe ließ.

Zwischen der Brudna und der Zytnia führte ein Pfad zu den ziemlich großen Schneider-, Schuhmacher- und Uhrmacherwerkstätten, in denen ungefähr 500 Männer und Frauen arbeiteten. Es gab auch Werkstätten außerhalb des Ghettos wie die Gerberei, die Gärtnerei, einige Metallfabriken und Torfstechereien. Keiner wollte in die Torfstecherei, weil dort der SS-Rottenführer Konrad Buchmayer[13] aus Wien die Leitung inne hatte. Er war einer der wenigen, die hier für ihre brutale Behandlung der Ghettobewohner und für eigenhändiges Erschießen einiger Radomer bekannt waren. In der Nähe dieser so genannten Werkstätten lag eine steinerne Scheune, in der sich die Garküche des Ghettos befand. Dort standen zwei große Herde, auf denen die Köche Suppe, Kartoffeln oder Kasza, eine Grütze aus geröstetem Buchweizen, kochten. In der Suppe waren Fleisch und eine Art dünner Nudeln, die man Lokschen nannte. Die Kartoffeln wurden mit Schale gekocht. Die Kasza war eine Delikatesse, die vom Geschmack her an Reis erinnerte; mit Bratensaft übergossen war sie ein ganz besonderer Genuss.

Längst nicht jeder nutzte die Garküche. Nur die »Minderbemittelten« gingen dort essen oder holten sich ihre Mahlzeit ab. Man bekam so viel, wie man wollte. Bei den »Prominenten« wurde zu Hause gekocht.

Nicht weit vom Tor entfernt lag Sitners Wohnhaus, in dem auch das Büro der jüdischen Polizei untergebracht war. Das Ghetto unterstand dem Kommando des SS-Untersturmführers Schippers, der es der jüdischen Polizei überließ, im Ghetto für Ruhe und Ordnung zu sorgen. Schippers musste sich seinerseits vor dem SS- und Polizeiführer von Radom, Herbert Böttcher[14], verantworten.

Wie überall im Generalgouvernement kassierte die SS für arbeitende Juden einen Betrag von fünf Złoty pro Tag. Die Betriebe, in denen sie arbeiteten, gehörten größtenteils zur Osti (Ostindustrie GmbH). Organisatorisch gesehen gehörte Radom als Außenlager zum Verwaltungsbereich Lublin/Majdanek.

Das Ghetto war von einer mannshohen Einzäunung umgeben, die an einigen Stellen Löcher hatte, durch die man bequem hindurchkriechen konnte. Aber die Juden wollten lieber im Ghetto bleiben, weil sie dort sicherer waren als draußen. Durch die Öffnungen zwischen den Brettern betrieb man einen bescheidenen Handel mit den Polen aus der Gegend, die Lebensmittel und Tabak verkauften. Für sie war der Handel riskant, weil die polnische Polizei jeglichen Kontakt zu den Juden im Ghetto verboten hatte.

Nach etwa einer Woche süßen Nichtstuns, kam Osti-Chef Seifert

Jules Schelvis im ehemaligen Ghetto von Radom 1989

ins Ghetto und teilte uns mit, man richte an der Stare Miasto, einem Platz in einem Außenbezirk der Stadt, zwanzig Minuten zu Fuß vom Ghetto entfernt, eine Druckerei ein. Die gute Nachricht verbreitete sich wie ein Lauffeuer. Ein paar Tage später gingen wir in Begleitung einiger jüdischer Polizisten zum ersten Mal dorthin. Es handelte sich um ein leerstehendes Schulgebäude, das schätzungsweise 45 Meter lang und 20 Meter breit war. Davor lag eine große ovale Rasenfläche, um die ein Kiesweg herum führte. An der Eingangstür prangte ein Metallschild, auf dem in schönen Buchstaben »Ostindustrie GmbH« eingraviert war. Hinter dem Gebäude lag ein mit Brettern umzäunter verwilderter Garten, in dem vier Holzlatrinen in der Mitte am Zaun standen. Dort patrouillierten ständig SS-Männer.

Unsere Gruppe bestand aus 100 Personen, eine von Seifert angeordnete Zahl. Zehn Typografen waren jedoch nicht darunter. Sie hatten sich auf einen Handel mit den »Besseren« eingelassen, die bei unserer Ankunft einige Drucker zu sich ins Haus genommen hatten. Diese erkauften sich mit ihren Złoty einen Platz in der Druckerei, da sie glaubten, sie würde die sicherste Werkstatt des Ghettos werden. Winogrodski, Seiferts rechte Hand, und einige

»Bessere« haben dafür wahrscheinlich viel Schmiergeld bekommen. Winogrodski war es gelungen, für sich selbst, seine Frau und seinen vierzehnjährigen Sohn Arno sowie für einige Familienmitglieder Arbeitsplätze in der Druckerei zu besorgen. Dafür mussten ebenso viele Personen von der Liste zurücktreten. Sie wurden einfach gestrichen und anderen, weniger attraktiven Arbeitsstätten zugeteilt. Winogrodski ernannte den Radomer Goldman zum Leiter der Druckerei und überging damit Czerwonykamien[15], der aber als einfacher Drucker bleiben durfte. Über das Problem, wie man Gerber in Setzer oder Drucker verwandeln konnte, schien sich niemand Sorgen zu machen. Die Leitung des Ghettos interessierte sich lediglich dafür, dass morgens 100 Personen abfuhren und abends dieselbe Anzahl wieder zurückkehrte.

Als wir das Gebäude betraten, deutete nichts auf einen grafischen Betrieb hin. Ein Saal, wahrscheinlich der ehemalige Gymnastikraum, war leer, ebenso die anderen Klassenzimmer im Erdgeschoss. Auf der oberen Etage hing an der Tür eines Zimmers das Schild »Verwaltung, Zutritt für Unbefugte verboten«. Der erste Hinweis auf eine Druckerei waren drei abgenutzte Setzkästen. Außerdem war in derselben Etage ein Saal bis zur Decke mit Papier, Umschlägen und Karten in allen Maßen und Sorten, Farben und Gewichten vollgestopft. Man hatte alles wahllos auf einen Haufen geschmissen. Sollte das die Druckerei werden, von der der Höhere SS- und Polizeiführer in Warschau geträumt hatte? Mir war es egal. In Polen gab es keinen besseren Ort, an dem ich meine Tage in Gefangenschaft verbringen konnte – am liebsten bis zum Kriegsende. Mit den jüdischen Polizisten – und auch mit Goldman – verstanden wir uns ganz gut. Die Näherinnen im Ghetto hatten einen weißen Anzug für ihn geschneidert, den er in der Druckerei trug, sozusagen als Zeichen seiner Würde. Er war korrupt und benahm sich zwar wie ein Leiter, die wirkliche Leitung lag jedoch in Händen des in Hamburg geborenen Hans Bartz, der von der Osti angestellt worden war. Er bildete zusammen mit seinem Assistenten Fechner, einem »Volksdeutschen« aus Riga, den man in eine Uniform gesteckt hatte, die Verwaltung. Fechner, Buchbinder von Beruf, war unter Juden aufgewachsen, wodurch er ein bisschen jiddisch sprach. Das Büro der Verwaltung befand sich in der ersten Etage. Es kam nur selten vor, dass sich die beiden in den Abteilungen zeigten. Bartz, der keine Uniform trug, galt als »der Gute« von den beiden. Er sprach mit einer gewissen Verachtung von den ukrainischen Aufsehern.

Unsere erste Arbeit bestand aus dem Sortieren der riesigen Menge an Papier und Briefumschlägen. Alles lag durcheinander und musste nach Farbe, Grammgewicht und Maß geordnet werden. Wir standen zu zehnt zwischen großen Papierhaufen und ähnelten Schauspielern in einem absurden Bühnenstück. Hinter den Haufen richteten wir Verstecke ein, wo man ein Nickerchen machen konnte. Wenn sich die Verwalter näherten, wurde das Zeichen sechs gegeben. (In fast allen Lagern wurde das Wort sechs verwendet, wenn Gefahr drohte.)

Joop fing nach ein paar Tagen an, die Setzkästen zu studieren, deren polnische Lettern von der niederländischen Einteilung beträchtlich abwichen. Er übte ein bisschen, um sich demnächst – wenn es darauf ankam – als Setzer beweisen zu können. Ich hatte schnell erkannt, dass wir keine so guten Druckerzeugnisse wie in den Niederlanden herstellen würden, da die Bleilettern zu alt und zu verschlissen waren. Aber ohne Druckpressen konnte man ohnehin nichts machen.

Einige Tage nach meiner Ankunft im Ghetto hatten wir uns eingelebt. Die Drucker fühlten sich dort schnell heimisch. Wer kein Geld hatte, musste seine Matratze in der Brudna auf den Fußboden legen. Männer und Frauen schliefen durcheinander; die bildschönen Schwestern Rosa und Miriam Rosenzwajg neben dem potthässlichen Moische Turek und der weniger attraktiven Raisele Gutman. Niemand störte sich daran. Nach Dorohucza und Lublin kam nicht einmal mehr ein Hauch von Erotik auf.

Joop ging inzwischen eigene Wege und war bei der Familie Krakowski eingezogen. Leo und ich wohnten auch weiterhin zusammen in der Brudna. Einmal in der Woche wurden wir in das eine Viertelstunde entfernte, außerhalb des Ghettos gelegene Badehaus gebracht, wo ungefähr zehn Personen nebeneinander in einem länglichen Raum duschen konnten. Wir bekamen Seife und Handtuch, so gut sorgte Bademeister Marek Rotstein für uns. Es war herrlich, gut zehn Minuten unter dem warmen Wasserstrahl stehen zu können.

Eines Tages fragte mich Rotstein, der ein Zimmer in der Szpitalna hatte, ob ich nicht bei ihm einziehen wolle, statt auf dem nackten Fußboden zu schlafen. Ich nahm sein Angebot dankend an. Er zeigte mir voller Stolz sein nett eingerichtetes Zimmer, in dem zwei Bettgestelle mit Federbetten standen. Das Einzelbett war für eine der Rosenzwajg-Schwestern bestimmt, die bei ihm eingezogen war. Das Doppelbett sollte ich mit ihm teilen.

Aber nicht lange. Mitten in der Nacht fasste ich den Entschluss, in die Brudna zurückzukehren, wo ich ungestört, ohne von jemandem berührt zu werden, schlafen konnte. Leo lachte schallend, als ich ihm meine Geschichte erzählte. »Das hast du davon, wenn du mich im Stich lässt«, lautete sein Kommentar.

Nachdem wir einige Wochen lang Papier sortiert hatten, meldeten sich polnische Elektriker mit Röhren, Drähten, Schaltern und Werkzeugen bei der Verwaltung. Sie begannen, elektrische Kabel zu installieren, was darauf hinwies, dass die Druckerei wirklich entstehen würde. Die alten sichtbaren Leitungen wurden herausgerissen und die neuen wurden unter Putz gelegt, was mir für eine Druckerei, in der man häufig Störungen beheben musste, unpraktisch schien. Aber das würde man ja merken. Wahrscheinlich wollte man, um hohe Offiziere zu beeindrucken, einen Modellbetrieb einrichten. Ich musste ein wenig schmunzeln. Hin und wieder kam Seifert vorbei, um zu sehen, wie es voranging.

Auf unserem täglichen Gang vom Ghetto in die Druckerei fiel mir ein Briefkasten an der Mauer eines Platzes auf. Immer, wenn wir daran vorbeigingen, dachte ich an die Möglichkeit, einen Brief einzuwerfen, ein Lebenszeichen für zu Hause. Papier und Briefumschläge lagen vor meiner Nase, aber ich musste an eine Briefmarke kommen. Und wie warf man einen Brief unbemerkt in den Kasten? Unserer Marschkolonne war es untersagt, das schmale Trottoir zu betreten. Hinzu kam noch, dass ich nicht wusste, ob man Briefe ins Ausland auf dem Postamt aufgeben musste. Die Chance war groß, dass solche Briefe sofort im Papierkorb der Zensur landeten. Dennoch wollte ich einen Versuch wagen.

Das ging bestimmt nicht ohne Angabe eines Absenders. Natürlich durfte man dazu keinen der Straßennamen aus dem Ghetto verwenden. Ich beschloss als Absender J. Borzykowski anzugeben, Chels Familienname, ein richtiger polnischer Name. Ein Straßenname war einfach zu finden: ich wählte Walowa, die Straße, die ans Ghetto grenzte. Als Hausnummer nahm ich dreizehn, die Unglückszahl, oder vielleicht doch nicht? Ich adressierte den Brief an die Familie I. Stroz in Amsterdam. Izak war ein Onkel von Rachel, der mit einer nichtjüdischen Frau, Annie Kiesewetter, verheiratet war. Sie war Deutsche von Geburt, in der damaligen Terminologie eine Reichsdeutsche, so dass ich Grund zu der Annahme hatte, dass sie noch an der Nieuwe Prinsengracht wohnte. Nun brauchte ich noch eine Briefmarke mit dem richtigen Wert, die mir schließlich jemand aus dem Ghetto besorgte.

Ich fing an, den Brief zu schreiben. Was durfte ich erwähnen und was nicht? Dass unsere Reise am 4. Juni in Sobibór zu Ende gegangen war, wo man gleich nach der Ankunft fast alle vergast hatte, durfte ich keinesfalls schreiben. Einmal abgesehen davon, ob unsere Verwandten überhaupt hätten verstehen können, was damit gemeint war. Einen Brief mit diesem Inhalt würde die Zensur nie durchlassen. Was sollte ich denn dann schreiben?

Wenn ich gewusst hätte, dass mein Brief, wie sich später herausstellte, sein Ziel ungeöffnet erreichen sollte, hätte ich die Wahrheit geschrieben. Dann wäre der Inhalt des Briefes in den Niederlanden bekannt geworden und vielleicht nicht ohne Folgen geblieben. Möglicherweise hätte das den Widerstand gegen die Deportationen verschärft. Mein Brief hätte diejenigen, die noch in den Niederlanden waren, dazu veranlassen können, sich bis zum Äußersten zu widersetzen oder unterzutauchen. Ich glaube, dass meine engsten Freunde und die Gefährten aus der Jugendbewegung alles getan hätten, möglichst viele Juden, die noch in den Niederlanden waren, vor dem Untergang zu retten. Die Frage, wie viele Menschenleben verschont geblieben wären, ist natürlich hypothetisch. Denn ich habe nicht die Wahrheit geschrieben. Um keinen Argwohn zu erregen, fasste ich den Entschluss, mich als Arbeiter auszugeben, der seiner Familie eine Nachricht schickt.

»Mir geht es noch immer gut. Ich bin sehr neugierig, wie es mit Ab, Hella, Herman, Chel und ihren Eltern geht. Auch von ihnen habe ich lange Zeit nichts vernommen. Ist vielleicht etwas mit diesen Leuten passiert«

Mit diesem Satz versuchte ich anzudeuten, dass die Familie getrennt worden war und nicht mehr in Kontakt miteinander stand.

»Ich hoffe das Beste davon.« Mehr durfte ich über die Gaskammern von Sobibór nicht schreiben.

»Sie brauchen mir nicht zu schreiben, da ich vielleicht bald mit gross Verlof gehe.« Damit wollte ich sagen: Beantwortet den Brief nicht, denn die Antwort wird mich nicht erreichen.

»Wenn Sie die Familie Schelvis sprechen, lasst sie von mir grüssen. Sie wissen dass ich in meinem Fach arbeite.«

Weil ich noch nicht wusste, wann ich den Brief abschicken könnte, datierte ich ihn auf Juli 1943. Ich wartete einen günstigen Moment ab. Um nahe an den Briefkasten zu kommen, sorgte ich dafür, dass ich außen rechts ging und möglichst in der letzten Reihe. Das war nicht so auffallend, weil die Männer immer hinten gingen und die Frauen die Vorhut bildeten. Beim Formieren des Zuges schrie der Polizist: »Kobietti-in-abschub«, was frei übersetzt heißt: »Die Frauen müssen sich vorne aufstellen.« Es durften auch keine Polen in der Nähe sein, die Alarm schlagen konnten und die Deutschen informierten. Außerdem musste darauf geachtet werden, dass die jüdischen Polizisten im Interesse ihrer eigenen und unserer Sicherheit nichts merkten.

Nach einigen Tagen bot sich eine solche Gelegenheit. Leo gab mir ein Zeichen, dass die Luft rein war. Mit klopfendem Herzen und zitternden Knien sprang ich auf den Bürgersteig und warf den Brief in den Kasten. Jetzt konnte ich nur hoffen, dass der Brief auch in Amsterdam ankommen würde.

Später stellte sich heraus, dass der Brief sogar recht bald Tante Annie und Onkel Ies erreicht hatte. Er war ungeöffnet durch die Zensur gelangt. Tante Annie nahm sofort Kontakt zu meinen Eltern auf, die über die Nachricht natürlich sehr froh waren. Ich war mir nicht darüber im Klaren, dass der Brief einen falschen Eindruck erwecken konnte, weil ich geschrieben hatte, dass ich in meinem

Beruf tätig war. Man hätte daraus eventuell den Schluss ziehen können, dass vielleicht alle deportierten Juden im Osten arbeiteten und sogar ihre Berufe ausüben konnten. Mein Brief war eine der wenigen illegalen Nachrichten, die die Niederlande aus dem Generalgouvernement erreicht haben. Nach dem Krieg stellte sich heraus, dass 219 Nachrichten aus Sobibór in den Niederlanden eingegangen waren. Weil auf den Karten Włodawa als Absender angegeben werden musste, wusste zu der Zeit niemand von der Existenz des Lagers Sobibór und also auch nichts von den Gaskammern.

Nach einigen Wochen stellte Goldman eine Truppe von zehn Mann – zu denen auch ich gehörte – zusammen, die unter der Begleitung des Polizisten Rappaport den Auftrag bekam, sich zum Radomer Güterbahnhof zu begeben. Dort erwartete uns Oberscharführer Möller schon ungeduldig. Wir mussten die Einzelteile einer Victoria-Zylinderdruckmaschine, einige Tiegeldruckmaschinen und eine Linotype-Setzmaschine ausladen. Möller wurde wegen seines brutalen Auftretens der »Knochenbrecher« genannt. Unter seinem ständigen Gebrüll und seinen unbarmherzigen Peitschenschlägen mussten wir mit Balken, Seilen und Brecheisen schwere Eisengestelle auf Lastwagen hieven. So riss uns dieser Unmensch wieder einmal aus unserem Traum von der Druckerei, in dem Gewalt nicht vorgesehen war. Aber wir waren nun sicher, dass die Druckerei tatsächlich entstehen und uns einen sicheren Arbeitsplatz bieten würde.

Am Abend jenes Tages bekam Leo hohes Fieber. Doktor Neufeld stellte eine Lungenentzündung fest. Er wurde in das Krankenhaus in der Szwarlikowska eingeliefert und dort liebevoll versorgt. Der Arzt hatte Gläser, die er erwärmte und danach auf Leos Rücken drückte – eine Behandlung, die mir aus den Niederlanden nicht bekannt war und deren Bedeutung ich nur raten konnte. In Neufelds Wohnung stand sogar ein Röntgenapparat. Der Krankenpfleger Kurc und eine Krankenschwester sorgten dafür, dass er die erforderliche Ruhe und Aufmerksamkeit erhielt. Sie gaben ihm Medikamente, während an seinem Fußende tatsächlich ein Krankenblatt geführt wurde. Die Welt, in der wir lebten, war wahnsinnig. Leo lag dort in einem sauberen Bett mit weißer Bettwäsche, ihm wurde dreimal am

Tag Fieber gemessen und er erhielt anständiges Essen. Manchmal besuchten ihn Drucker und brachten Butter und Eier für ihn mit. Er war nicht nur dankbar für die stärkenden Lebensmittel, sondern auch für die Kollegialität. Die Lungenentzündung war nach einer Woche unter Kontrolle. Als sich sein Zustand allmählich besserte, bekam ich eine starke Grippe. Daraufhin durfte ich mich ins Nachbarbett legen. So haben wir es einige Wochen zusammen ausgehalten, auch als wir beide schon lange wieder gesund waren. Doktor Neufeld und Krankenpfleger Kurc behielten uns einfach da.

Krankenpfleger Kurc hielt sich noch an die jüdischen Speisegebote. Als ich ein Stückchen Fleisch aß und arglos um ein Glas Milch bat, sagte er, dass diese Kombination zu Bauchschmerzen führe und brachte mir ein Glas Wasser. Plötzlich wurde mir wieder bewusst, dass es gläubigen Juden untersagt war, Fleisch- und Milchspeisen zusammen zu verzehren.

Die Tiegeldruckmaschinen waren mittlerweile an das Elektrizitätsnetz angeschlossen worden. Es waren alte Maschinen, die man nur unter Aufbietung aller Fachkenntnisse dazu bewegen konnte, einen annehmbaren Abdruck zu liefern. Die Drucker aus Warschau gaben sich viel schneller zufrieden als wir. Uns war merkwürdigerweise selbst hier Qualität wichtiger als Schnelligkeit.

Wir teilten die Männer und Frauen in drei Gruppen ein: Da waren erstens die echten Setzer und Drucker aus Warschau, zweitens die reichen Juden aus Radom, manche sogar in Begleitung von Frau und Kindern, sowie die Frauen von drei jüdischen Polizisten und drittens die Frauen aus der Binderei.

Letztere mussten in ihrer kleinen Abteilung Schachteln und Alben herstellen, aber auch Briefumschläge bearbeiten, die auf einer Spezialmaschine gestanzt worden waren. Die reichen Frauen aus Radom arbeiteten nicht mit. Sie wähnten sich in der Druckerei sicherer und geborgener als an jedem anderen Ort. Meist kochten sie Mahlzeiten für sich und ihre Familie. Sie wollten sich die Hände nicht schmutzig machen. Unter den Frauen aus Warschau befanden sich Helena Lewkowicz und Ruth Oknowska. Ruth durfte ihren sechsjährigen Sohn Olek mit in die Druckerei nehmen. Bartz hatte sich in Ruth verliebt und dafür gesorgt, dass sie leichte Arbeit bekam. Er bot ihr an unterzutauchen, allerdings ohne Olek. Sie lehnte ab und blieb in der Binderei. Beide haben den Krieg nicht überlebt.

Winogrodski ernannte einige Vormänner, um die Abteilung straff zu organisieren: Goldman für die Setzerei und die Druckerei, Wlodawski für die Binderei, Cypel für die Klischee-Abteilung und Igdal für das Papierlager.

Die Druckerei war eine begehrte Werkstatt. Innerhalb des Gebäudes gab es keine Bewacher, die einen andauernd beobachteten oder zur Eile antrieben. Es war trocken und warm, und man brauchte sich nicht besonders anzustrengen. Im Garten hinter dem Haus knüpften wir Kontakte zur Außenwelt. Die polnischen Händler aus der Umgebung nutzten ihre Chance. Sie schwärmten um das Gebäude und warteten, bis die Bewacher essen gingen. Dann kamen sie heran und handelten mit uns. Anfangs nahmen die »Prominenten« ihre alten Kleider mit und tauschten sie gegen Lebensmittel ein. Für die Polen war das Risiko, erwischt zu werden, hier kleiner als am Bretterzaun des Ghettos. Wenn die »Prominenten« abends nach Hause zurückkehrten, wurden sie schon von ihren Familienmitgliedern erwartet. Sie hatten die verschiedensten Dinge bei sich, zum Beispiel Butter, Eier, Weißbrot, Käse, Alkohol, Fett, Wurst und vor allem Zigaretten. Da am Tor nicht kontrolliert wurde, konnten sie alles ungehindert ins Ghetto tragen. Täglich kaufte man die *Krakauer Zeitung*, so dass wir über den Stand der Dinge in Europa informiert waren, auch wenn man zwischen den Zeilen lesen musste.

Auch die anderen Ghettobewohner wollten einmal etwas Besseres essen als das grobe Braunbrot aus der Bäckerei. Die Nachfrage stieg und die Preise ebenso. So kamen die Drucker auf die Idee, eine Kooperative zu gründen, die den Handel mit den Polen zentral regeln sollte. In anderen Lagern gab es so etwas nicht.

Man bat die Drucker, die mitmachen wollten, einen Betrag von 100 Złoty als Startkapital einzuzahlen, also auch uns. Weil wir keinen einzigen Złoty besaßen, nahmen Leo und ich bei dem reichen Jitschak Fryd einen Kredit auf. Die Kooperative startete mit einem beträchtlichen Anfangskapital. Die Preise waren im Sommer

1943: eine Semmel 5 Złoty, ein 200 Gramm schweres Weißbrot 26 Złoty, eine Flasche Schnaps 100 Złoty und 100 ägyptische Zigaretten 75 Złoty. In Lublin hatten wir für ein Brot 350 Złoty bezahlt. Der Handel beruhte eben auf Nachfrage und Angebot.

Es wurden einige Vertrauensmänner ernannt, die Kontakte zu den Bewachern im Garten knüpften. Diese sollten gerade so viel Alkohol bekommen, dass sie nicht mehr so wachsam sein konnten. Andere Männer führten die Verhandlungen über den Preis der Artikel. War man sich einig geworden, dann wurde eine Liste abgegeben. Am nächsten Tag wurden die Waren in Empfang genommen und die Liste für den nächsten Tag abgegeben. Dieses System funktionierte perfekt. Die Warenübergabe war die nervenaufreibendste Tätigkeit des Tages. Einige Drucker standen bereit, um die Sachen schnell nach oben zu tragen, wo sie in einem sicheren Raum auf Menge und Qualität kontrolliert wurden. Gab es irgendwelche Mängel – was am Anfang manchmal vorkam – dann wurde reklamiert und mit dem Einstellen des Handels gedroht. Weil er sich für die Polen lohnte, ließen sie es nicht so weit kommen. Zur Bezahlung ging man über, wenn die Lieferung mit der Bestellung übereinstimmte.

Es wurde eine spezielle Kommission ernannt, die die Waren in Portionen einteilte, die einem Gegenwert von ungefähr 100 Złoty entsprach. Papier zum Einpacken gab es in Hülle und Fülle. Andere Drucker hielten Ausschau nach den Verwaltern, damit sie uns nicht überraschen konnten. Die Kommissionsmitglieder erledigten ihre Arbeit, die nie größere Probleme verursacht hat, mit Verantwortungsgefühl.

Gegen Arbeitsschluss machten wir ausführlich Toilette. Dann verschwanden die Päckchen in der Kleidung. Wenn die Drucker die Wache am Eingang des Ghettos passierten, ahnte keiner der Wachposten, wie viele illegale Sachen ins Lager gebracht wurden. Hatten wir alles mit etwas Gewinn verkauft, legten wir wieder 100 Złoty pro Person in den Topf, und das Ritual konnte von neuem beginnen. Vom Ertrag kauften wir die Sachen, die wir am nötigsten brauchten, und zahlten den Kredit ab. Dies war eine beispiellose Periode in meiner zweijährigen Gefangenschaft. Bei der Kooperative handelte es sich um eine kluge Aktion, die die Ghettobewohner organisierten und durchführten, um widerstandsfähiger zu werden und den Feind hinters Licht zu führen, ohne anderen zu schaden.

Als sich die kleinen Pressen zu drehen begannen, durfte ich – vermutlich der erfahrenste Tiegeldrucker von allen – nur zuschauen. Eine zufriedenstellende Erklärung, warum ich nicht drucken durfte, habe ich nie bekommen. Antworten wie »die Maschinen müssen sich erst einlaufen« oder »der Schutz lässt noch zu wünschen übrig« überzeugten mich nicht. Es war nicht zu leugnen, dass man mich mit leeren Worten abspeiste. Um mich zu beweisen, ließ ich, als Goldman eines Tages nicht anwesend war, die Presse eine Zeitlang auf Hochtouren laufen, obwohl die in den Niederlanden übliche Schutzvorrichtung, die verhindert, dass man mit der Hand zwischen den Tiegel und das Druckfundament kommt, fehlte. Die Routine des Aufnehmens und Anlegens hatte ich noch gut in den Fingern; das ist etwas, was man nie verlernt. Damit erntete ich bei den Druckern Bewunderung.

Unter Rozanecks Führung montierten Czerwonykamien, sein Bruder und andere die aus zahlreichen Einzelteilen bestehende Zylinderdruckmaschine. Es war nicht immer leicht zu beurteilen, welches Zahnrad an welche Stange und an welche Stelle gehörte. Hin und wieder wurde ich zu Hilfe gerufen. Wenn ich dann Anweisungen gab und bei der Montage half, klopfte man mir auf die Schulter. Goldman entging das jedoch. Nach einigen Wochen Probelauf wurde die große Druckmaschine in Betrieb genommen. Sie wurde hauptsächlich zum Drucken von Plakaten verwendet, auf denen stand, dass in der Umgebung Sabotage betrieben worden sei und die Saboteure mit dem Tode bestraft würden. Auf den Tiegeln wurden Drucksachen für den täglichen Gebrauch hergestellt und zwar für die Wehrmacht, die SS und die örtliche Verwaltung.

Sonntags wurde nicht gearbeitet. Bei schönem Wetter traf man sich beim Spaziergang durch die Straßen des Ghettos oder zwischen den Trümmerhaufen in der Zytnia. Erst jetzt fielen mir die bunten Farben der üppig gedeihenden lila Disteln und der Kamille auf, die zwischen den gelben Butterblumen und dem roten Klatschmohn standen. Wochenlang war ich an den Pflanzen vorbeigegangen, ohne sie zu bemerken. Was für mich in anderen Zeiten immer Unkraut war, sah ich jetzt als Wunder der Natur, das sich unter allen möglichen Umständen offenbart. Es lässt sich von niemandem stören. Die Bienen flogen eifrig herum und zum ersten Mal bemerkte ich wieder Vögel in der Luft.

Man hatte Zeit zu einem Gespräch oder um die *Krakauer Zeitung* zu lesen. Ich achtete sorgfältig auf Nachrichten aus den Niederlanden. Ich bekam die Zeitung erst, nachdem andere sie gelesen hatten, so sparte man Geld.

Außer einigen polnisch sprechenden Ghettobewohnern sprachen fast alle Jiddisch, ein Gemisch aus Polnisch, Russisch, Hebräisch und Deutsch. Wenn sie mit uns redeten, versuchten sie, das Jiddisch halbwegs einzudeutschen, damit wir sie besser verstehen konnten. Ich verstand und sprach ziemlich gut Jiddisch, weil meine Schwiegereltern oft Jiddisch miteinander gesprochen und Opa und Oma Stroz nur diese Sprache beherrscht hatten.

Wenn man in unserem Beisein etwas sagen wollte, was nicht für unsere Ohren bestimmt war, sprach man Polnisch, eine Sprache, die für Westeuropäer keine Bezugspunkte enthält. Langsam lernte ich dennoch die Bedeutung einiger polnischer Wörter. Wir erzählten Geschichten aus unserer Jugend, von unserer Familie, Amsterdam und den Niederlanden, unserer Lebensweise und Arbeit und von unserer Integration oder sogar Assimilation in die niederländische Gesellschaft, die im Laufe der Jahrhunderte erfolgt war. Im Gegensatz zu fast allen polnischen Juden waren wir in erster Linie Niederländer und keine Bürger zweiter Klasse. Mit einiger Skepsis hörte man uns zu. Nicht nur auf dem Weg zur Druckerei, sondern auch hier im Ghetto hörten wir andauernd, wie uns die Polen auf der anderen Seite des Bretterzauns verfluchten und beschimpften. Als Leo und ich einen unwirtlichen, jedoch einigermaßen geschützten Ort zwischen den Ruinen an der Zytnia gefunden hatten, wo wir uns niederlassen wollten, um aus der Brudna herauszukommen, flogen uns Steine um die Ohren, so dass wir schnell wieder in die Brudna zurückkehrten.

Es war fraglich, ob die SS wusste, wie viele Juden genau im Ghetto lebten. Ein Appell wurde nie abgehalten. Die Hauptsache war, dass die Werkstätten die vorgeschriebene Anzahl Arbeitskräfte erhielt. Wer das war, war von untergeordnetem Interesse. Das Ghetto war eine Oase in der Wüste, ein Zufluchtsort vor dem Tod und Verderben ringsherum. Aus irgendeinem, uns unerklärlichen Grund wurde es aufrechterhalten.

Manchmal spielte der junge Rabinowicz an der Rückfront der Szwarlikowska auf seiner silbernen Flöte. Wenn er etwas gespielt hatte, klatschten wir, woraufhin er sich aus dem Fenster lehnte und unseren Applaus höflich entgegennahm. Langsam wuchs die Zahl der Zuhörer, die der jiddischen Musik oder einer Händelsonate lauschte. Das waren die Augenblicke, in denen wir kurz vergaßen, dass wir uns im Generalgouvernement befanden; mit geschlossenen Augen versuchten wir, uns in den kleinen Saal des Concertgebouws zu versetzen.

Leo und ich waren Musikliebhaber. Die Sinfonien von Beethoven, Mozart und Brahms hatten wir mit der Muttermilch eingesogen. Es gab kein Violin- oder Klavierkonzert eines bekannten Meisters, dessen Thema wir nicht mitpfeifen konnten. Aus Bachs *Matthäuspassion* kannten wir alle Arien und Chöre. Neben unserer Freundschaft spielte die Musik, die hier nur in unseren Köpfen existierte, eine nicht zu unterschätzende Rolle in unserer gemeinsamen Zeit in den Lagern. Wir versuchten zum Beispiel zu erraten, welches Thema aus welcher Sinfonie oder welchem Konzert der andere pfiff oder sang. So lernte ich von Leo die *Variations Symphoniques* von César Franck und einige Etüden von Chopin kennen. Er konnte sie auswendig, weil sein Bruder Wim ein vielversprechender Pianist war. Ich hatte ihm oft in der Transvaalstraat zugehört. Er hätte es als Konzertpianist weit bringen können.

Die Lebensmittel für das Ghetto lieferte ein Lastwagen, der bis vor das Lager an der Brudna fuhr. Der Lagerverwalter machte mich darauf aufmerksam, dass seit einigen Wochen ein niederländischer Fahrer am Steuer saß. Er trug die Uniform des NSKK, des Nationalsozialistischen Kraftfahrkorps. Ich beschloss ihn anzusprechen, sobald sich eine Gelegenheit ergeben würde. Als es soweit war, erfuhr ich, dass er aus Den Haag kam und diese Arbeit übernommen hatte, um etwas zu verdienen. Ich erzählte ihm meine Geschichte und sagte, dass ich dort Freunde hätte. Der Mann machte auf mich einen verlässlichen Eindruck. Ich fragte ihn, ob er jemandem in Den Haag eine Nachricht von mir überbringen wolle, wenn er Heimaturlaub hätte. Zufällig stand sein Urlaub kurz bevor. Eine Woche später traf ich ihn wieder und bat ihn, zu einer Familie in der Damasstraat zu gehen, wo Freunde von Ab und Hella wohnten, um dort auszurichten, dass es mir gut gehe. Das versprach er mir. »Wenn Sie sowieso dort sind, fragen Sie bitte nach Hellas goldener Uhr, die wir ihnen zur Aufbewahrung gegeben haben, und bringen Sie sie mir mit. So eine Uhr ist hier viel wert, man kann dafür Lebensmittel kaufen.« Er versprach mir, die beiden aufzusuchen. Nach einigen Wochen traf ich ihn wieder. Er erzählte, er sei an der Tür gewesen, aber die Mojets hätten gesagt, mich nicht zu kennen. »Ich habe sie deshalb auch nicht nach der Uhr fragen können.«

Nach dem Krieg haben sie mir erzählt, dass sie dem Mann nicht getraut hätten und es als zu gefährlich einschätzten, zuzugeben, dass wir Freunde waren. Im Nachhinein konnte ich ihre Haltung gut verstehen.

Mitte September 1943 musste Sitner eine neue Werkstatt mit Arbeitskräften versorgen. Es ging um circa 30 Männer, die auf der anderen Seite der Stadt Baracken bauen sollten. Dort wurde neben dem schon bestehenden Lager an der Szkolna ein neues errichtet – für die Juden, die in der nahe gelegenen Waffenfabrik von Steyer-Daimler-Puch arbeiteten. Die Barackenbauer wurden aus existierenden Werkstätten rekrutiert – auch aus der Druckerei. Fast jeden Tag wurden Joop und ich dafür eingeteilt.

Das Zusammensetzen der Barackenteile geschah unter Aufsicht der SS und ukrainischer Bewacher. In hohem Tempo und unter Gewaltanwendung schossen in kurzer Zeit die Baracken aus dem Boden. Hohe, mit vielen Sternen und Streifen dekorierte SS-Offiziere, die wir nie zuvor gesehen hatten, kamen den Bau regelmäßig inspizieren. Ende Oktober waren vier große Schlafbaracken und ein Latrinengebäude fertig. Der Küchenfußboden lag schon. Wir vermuteten, dass auch wir in dieses Lager gebracht würden. Es wäre ja auch zu schön gewesen, wenn das Ghetto mit seinen Freiheiten noch länger existiert hätte.

Ungefähr zu diesem Zeitpunkt fiel uns ein intensiver Lastwagenverkehr auf. Die Wagen waren mit Mitgliedern der Ordnungspolizei bemannt und transportierten meistens Stroh, das ein paar hundert Meter von uns entfernt ausgeladen wurde. Außerdem wurden 25 Männer zur Arbeit außerhalb des Ghettos abkommandiert und am Tor von SS-Leuten abgeholt, ohne dass die jüdische Polizei eingeschaltet wurde. Wohin man sie brachte, wissen wir nicht, da sie nicht mehr zurückkamen. Die Vermutung, dass sie bei den Strohballen eingesetzt wurden, scheint nicht abwegig. Einige Tage später wurden die Straßen in der Umgebung abgesperrt. Wir befürchteten, dass furchtbare Dinge bevorstanden. Diese Vermutung bestätigte sich, als wir tagelang Rauch bei den Strohballen aufsteigen sahen und sich ein übler Geruch verbreitete. Es war unverkennbar, dass dort Leichen verbrannt wurden. Da es keine jüdischen Augenzeugen geben durfte, hat man die 25 Juden aus dem Ghetto wahrscheinlich dort umgebracht. Unser Aufenthalt im Ghetto schien sich seinem Ende zu nähern.

Radom/Szkolna

In den frühen Morgenstunden des 8. November 1943 schreckten uns das Brummen von Lastwagenmotoren und das Knattern von Motorrädern mit Beiwagen auf, die mit voller Fahrt in das schlafende, nichts ahnende Ghetto eindrangen. Mit quietschenden Bremsen kamen die Fahrzeuge in der Mitte der Szwarlikowska zum Stillstand. SS-Leute und ukrainische Aufseher sprangen von den Wagen und verteilten sich rasch über die vier Straßen. Die Bewohner wurden mit Megaphonen aufgerufen, sich schleunigst in der Szwarlikowska zu sammeln. Nur Handgepäck war erlaubt. Wir zogen uns sofort an und gingen hinaus, da wir nicht riskieren wollten, dass die SS nachhalf. Nach unseren Erfahrungen in Dorohucza und Lublin wussten wir, dass man die Befehle der SS gar nicht schnell genug befolgen konnte. Aus den Häusern und Ruinen kamen zu Tode erschrockene Menschen zum Vorschein. Wo es den SS-Leuten nicht rasch genug ging, setzten sie Hunde, Peitschen und Gewehrkolben ein. Unter der Ghettobevölkerung herrschte große Niedergeschlagenheit. Wer sich mittlerweile in der Szwarlikowska versammelt hatte, sah Maschinengewehre auf sich gerichtet. Offenbar sollte das Ghetto geleert werden, denn die SS suchte an allen Ecken und Enden nach Juden, die sich versteckt hielten. Die Frauen und Männer, die sie erwischten, wurden mit erhobenen Händen aus ihrem Unterschlupf getrieben. Sie wurden misshandelt, durften sich jedoch – entgegen unseren Erwartungen – der versammelten Menge anschließen.

Alte Leute, Kinder und Invaliden wurden vom jüdischen Ordnungsdienst abgeholt und in Karren gesetzt. Wer krank zu Hause oder im Krankenhaus lag, wurde gnadenlos erschossen. Die SS wollte tatsächlich keinen einzigen Ghettobewohner entkommen

Jules Schelvis vor dem Gebäude, in dem die Druckerei war.

lassen. Für diese Verbrechen waren die SS-Leute Böttcher, Schippers und Rokita[16] verantwortlich; letzterer war ein neuer Stern am Radomer Firmament.

Nachdem sich die SS eine kurze Pause gegönnt hatte, startete sie mit neuen Kräften eine zweite Suchaktion. Wir hörten Schüsse fallen. Mit allen, die jetzt noch gefunden wurden, machte man kurzen Prozess.

So standen wir also in der Szwarlikowska und harrten aufgeregt der Dinge, die da kommen sollten. Es war nicht ausgeschlossen, dass nun auch unsere letzte Stunde geschlagen hatte. Die Männer versuchten, vor den angsterfüllten Frauen und Kindern Haltung zu bewahren. Wir drei redeten uns gegenseitig Mut zu und hofften sehnlichst, dass die Arbeit in der Druckerei wieder unser Rettungsanker werden würde. Wir hatten schon zu viel gehört, gesehen und erlitten, um uns vorzumachen, dass alle überleben könnten.

Als man alle Wohnungen, Lager, Ruinen und sonstigen Stellen durchkämmt hatte, mussten wir auf Untersturmführer Rokitas

Kommando in geordneten Reihen aus dem Ghetto marschieren. Die Karren mit den Kindern und Invaliden folgten uns. Dass das Leben im Ghetto für immer vorbei war, stand fest. Wir hatten schon eine Zeit lang munkeln hören, dass Radom »judenrein« gemacht werden sollte. Dass das so vor sich gehen würde, hatte ich mir nicht vorstellen können.

Als wir durch das Tor gegangen waren, drehte ich mich noch einmal um und warf einen letzten Blick auf das Schild »Jüdisches Zwangsarbeitslager Radom«. Die viereinhalb Monate, die ich im Ghetto verbracht hatte, waren im Vergleich zu dem, was ich in den Lagern erlebt hatte, gut auszuhalten gewesen. Nun stellte sich die Frage, ob wir noch eine Zukunft hatten und wenn ja, was sie uns bringen würde.

Nach einer Stunde Fußmarsch lag die Stadt schon weit hinter uns. Unser Zug hielt am Waldrand und wir konnten ein wenig ausruhen. Wir waren furchtbar aufgeregt und auf alles gefasst. Aber nichts geschah. Bis ich bemerkte, dass die Panjewagen, die hinter uns her gefahren waren, in einen Waldweg einbogen. Kurz darauf ratterten Maschinengewehre. Die Wagen kehrten leer zurück.

Danach musste unsere Kolonne weitermarschieren. Der Marsch endete in Szkolna, dem neuen Lager, das wir selbst gebaut hatten. Am Tor stand Richard Rokita, der der Kolonne vorausgeeilt war. Ein Murmeln des Abscheus ging durch die Reihen, als wir den Mann erkannten, der die Aktion im Ghetto geleitet hatte. Bei einem solchen Lagerkommandanten hätten wir keine guten Aussichten. Von den Radomern erfuhren wir, dass er als Polizeiführer in der Stadt Tarnopol eine Schreckensherrschaft ausgeübt und alle Juden hat ermorden lassen. Sein erster Befehl lautete, wir sollten nach Werkstätten geordnet antreten.

Die Vorleute der Werkstätten stellten sich in einiger Entfernung voneinander auf und sammelten ihre Leute hinter sich. Leo, Joop und ich stellten uns hinter Goldman. Nicht alle Ghettobewohner arbeiteten in einer Werkstatt, so dass nach einer Weile ungefähr 100 Männer, Frauen und Kinder abseits standen. Da das Antreten schnell vor sich gehen musste, war nicht allen klar, was das bedeutete. Viele durchschauten die böse Absicht nicht oder hatten einfach nicht den Mut, sich willkürlich einer Werkstatt-Gruppe anzuschließen. Manche Mitglieder des jüdischen Ordnungsdienstes erkannten die Gefahr und dirigierten ein paar Hilflose schreiend und fluchend zu einer der Gruppen. Sie zischelten auf Jiddisch: »Tu, als ob du irgendwo arbeitest, skurwysyn, Hurensohn, Dummkopf! Versteh doch! Beeil dich, los! Mach, was ich sage! Schnell!« Sie hatten verstanden. Die neuen Machthaber konnten nur arbeitende Juden gebrauchen und das hieß Selektion. Durch ihr grobes Vorgehen machten sie zudem auf Rokita den Eindruck, brauchbare Handlanger zu sein. Dennoch blieben ein paar Dutzend Leute am Rande stehen. Sie wurden in Lastwagen verladen und abtransportiert. Erst da wurde mir klar, dass sie denselben Weg wie die Menschen auf den Panjewagen gehen würden. Zwei Männern – einer von ihnen war Chaim Glat – gelang die Flucht, kurz bevor die Lastwagen den Exekutionsplatz erreichten. Da die beiden nirgends untertauchen konnten, nahmen sie nach einigen Tagen des Herumirrens mit dem neu ernannten Lagerältesten Kontakt auf. Sie berichteten, dass sie aus der Ferne gesehen hatten, wie die Menschen hingerichtet wurden.

Die Deutschen hatten nun die Sicherheit, dass sich nur noch Arbeitskräfte im Lager befanden. Der blutrünstige Rokita wollte demonstrieren, dass mit ihm nicht gut Kirschenessen war. Daher befahl er einem willkürlich ausgewählten jungen Mann, zum Stacheldraht zu rennen. Als dieser dort angekommen war, zog Rokita die Pistole und erschoss ihn vor unseren Augen. Wir befürchteten, dass es unter diesen Umständen für uns wenig Hoffnung gab.

Gleich nach der Abfahrt der Lastwagen mussten wir auf einem freien Platz zwischen den Baracken zum Appell antreten. Rokita wollte genau wissen, über wie viele Juden er herrschte. Als das nach langem Zählen und Warten feststand, wurden wir in einer Baracke der Ukrainer einer Leibesvisitation unterzogen. Das brachte der SS einiges ein, denn die »besseren« Radomer hatten in letzter Minute so viel Geld und Schmuck wie nur möglich mitgenommen. Was man nicht an geheimen Stellen verborgen hatte, wurde eingezogen. Meinen Taschenspiegel hatte ich in den Mund genommen. Diese Durchsuchung riss auf einen Schlag die Schranken zwischen denen, die noch etwas besaßen, und den armen Schluckern nieder. Nun waren wir alle gleich arm. Bevor wir in die Baracken gingen, wurden wir noch von einem neu eingestellten Lagerschreiber registriert.

In zwei Schlafbaracken war mit einer Zwischenwand ein kleinerer Raum abgetrennt worden. Er war für die Frauen bestimmt. Das Kommando in den Männer- und Frauenabteilungen führten jüdische Polizisten, die von da an als Barackenführer bezeichnet wurden. Der Lagerälteste Friedman zog ihnen die neue Armbinde über, auf denen ihre Funktion angegeben war.

Im Ghetto hatte der jüdische Ordnungsdienst etwa 25 Mitglieder gehabt, während hier weniger als die Hälfte gebraucht wurden. Das war für einige das Ende ihrer »Laufbahn«. Aus Männern mit Befehlsgewalt wurden einfache Häftlinge ohne die Privilegien, die sie bis dahin besessen hatten. Die Barackenführer verfügten über einen kleinen, abgeschotteten Raum, den sie sich mit einem der Ärzte teilten.

In den Baracken standen dreistöckige Pritschen reihenweise aufgestellt. Alle wollten ganz oben schlafen, denn das war der beste Platz. Zudem lag er nicht in Reichweite schlecht gelaunter SS-Leute. Der neue Barackenführer teilte Jutesäcke aus, die wir mit Stroh stopfen mussten, das auf Haufen im Gang lag. Danach konnten wir uns bei ihm eine Decke abholen. Als ich meinen Strohsack füllte, hörte ich ganz in der Nähe ein Baby weinen. Es war ein Mädchen, das unter etwas Stroh und einigen Babysachen verborgen war. Es war auf wundersame Weise durch die Kontrolle gekommen. Später hörte ich, dass man die Kleine aus dem Lager herausgeschmuggelt und bei hilfsbereiten Polen untergebracht hat. Vielleicht hat sie den Krieg überlebt.

Die einstigen Ghetto-Honoratioren waren mit einem Mal so ohnmächtig und hilflos wie wir. Sie mussten sich nun ohne Geld, aus eigener Kraft und mit eigenem Erfindungsreichtum in dieser bedrohlichen Umgebung über Wasser halten. Gute Freunde aus dem Ghetto wurden plötzlich zu Konkurrenten, die nur noch ihren eigenen Vorteil im Sinne hatten.

Das neue Lager Szkolna lag nur ein paar Meter neben dem bereits existierenden Lager für Juden, die in der Waffenfabrik arbeiteten. Die Fabrik, die man vom Lager aus nicht sehen konnte, war gute zwanzig Minuten entfernt. Die Nordgrenze des Lagers bildete eine gepflasterte Straße, die mit Schlagbäumen abgesperrt war, so dass kein neugieriger Passant an das Lager herankam. Dennoch wussten viele Zivilisten, dass es ein Lager an der Szkolna gab, denn in der Waffenfabrik arbeiteten polnische Arbeiter und jüdische Häftlinge nebeneinander. Beide Lager waren mit einem doppelten Stacheldrahtzaun versehen. An den Ecken standen Wachtürme, die Wachleute wurden wiederum von der SS kontrolliert.

Wieder verbrachten wir eine erste Nacht in einer fremden Umgebung. Die Aussicht, wieder einer unbarmherzigen Herrschaft ausgesetzt zu sein, lag mir im Magen. Ich kam mir vor wie die Figur auf einem Schachbrett; man wird von anderen gezogen, ohne den geringsten Einfluss auf den Verlauf des Spiels ausüben zu können.

Am nächsten Morgen weckte uns Hörnerschall. Ein Häftling blies auf seiner Trompete. Wir mussten schnell aufstehen, denn es gab im Lager nur zwei Wasserhähne, unter denen man sich waschen konnte. Und die befanden sich auch noch im Freien. Da es keinen Abfluss gab, bildeten sich schnell große Pfützen. Die meisten von uns gingen ungewaschen zum Appell. Zunächst mussten alle Häftlinge im Lager bleiben und beim Bau weiterer Baracken helfen. Erst entstanden die Küchenbaracke und das Lebensmittellager, dann die Baracken für die Osti-Tätigkeit. Darauf folgten eine Schuhmacherei, eine Schneiderei, eine Tischlerei und ein Kleidermagazin. Osti-Verwalter Winogrodski dachte natürlich vor allem an sich und richtete für seine Frau und Familie ein Wohn- und Schlafzimmer ein. Zum Schluss entstanden noch zwei Baracken, in denen Körbe für Granaten aus angelieferten Weidenruten geflochten wurden, und eine Garage, in der ein erbeuteter englischer Bedford-Lastwagen untergestellt wurde.

Noch bevor der Barackenbau abgeschlossen war, durften die Drucker wieder an ihre Arbeit gehen. Am Ausgang der Kommandantur wurden wir von SS-Hauptscharführer Johann Hecker und vom Lagerältesten genau gezählt. Außerdem wurden wir von SS-Leuten wie Stefan Krug, Gustav Herzeg und Anton Pill überwacht. Die Stelle des jüdischen Ordnungsdiensts, der uns bisher eskortiert hatte, nahmen nun ukrainische Aufseher ein. Abends, bei der Rückkehr ins Lager, musste beim Durchzählen das gleiche Ergebnis wie am Morgen herauskommen.

Nach der Fertigstellung der Baracken wurden die neuen Werkstätten eingerichtet. Ein Teil der Schuhmacherei wurde in die Baracke verlegt, in der sich das Kleidermagazin befand. Dort wurde insbesondere Schuhwerk für die Wehrmacht hergestellt. Die meisten Schneider aus den Werkstätten des Ghettos konnten in der Schneiderei unterkommen. In der Tischlerei wurde vor allem Spielzeug für die Offizierskinder angefertigt. Die Tischler hatten zwar kein Elektrowerkzeug, bauten aber die schönsten, maßstabgetreuen Karren. Zwei Baracken dienten als Korbflechterei. Außerdem gab es ein Arbeitskommando, das die verschiedensten Wartungsarbeiten im Lager ausführte, und ein Kommando, das sich als Reserve für die Waffenfabrik bereithalten musste. Die übrigen Häftlinge mussten Torf stechen oder in den Gerbereien außerhalb des Lagers arbeiten. Die letzte Werkstatt, die seit Jahren existierte und etwa zwanzig Mann beschäftigte, hielt sich noch eine Weile. Aber als Szkolna ein paar Wochen in Betrieb war, wurden auch dort Arbeitskräfte abgezogen. Im Ghetto hatten die Gerber zu den »Prominenten« gehört, weil sie mit dem kostbaren Leder handeln konnten. Im Lager war das nicht mehr möglich. Aber einige Gerber besaßen noch so viel Kapital, dass sie Goldman bestechen konnten. Er schmuggelte sie daraufhin schamlos als Putz- und Räumkräfte in die Druckerei ein. Dafür mussten ein weiteres Mal Fachkräfte von der ursprünglichen Liste das Feld räumen.

Diesmal traf es auch Joop und mich. Das war eine bittere Pille. Korruption wurde in Radom ganz groß geschrieben. Nun erst verstand ich, weshalb man mich seinerzeit nicht als Fachmann eingesetzt hatte; ich sollte als eine Art Wechselgeld für Fälle wie diese dienen. Czerwonykamien war enttäuscht über die Manipulationen, hatte aber leider überhaupt keinen Einfluss mehr. Man hatte ihn in den Hintergrund gedrängt. Wir konnten noch froh sein, dass Leo bleiben konnte. Vermutlich hatte Goldman ihn verschont, weil er nicht gleich alle drei Holländer wie Dreck behandeln wollte.

Ich konnte mich mit dem »Druckereiputsch« nur schwer abfinden. Die Machenschaften der Radomer schlossen mich aus der Gemeinschaft aus, gerade jetzt, da wir die Vorteile des Ghettos verloren hatten. Aber zum Glück konnten wir uns noch nach der Arbeit treffen. Das Gefühl, den ganzen Tag in einem Konzentrationslager leben zu müssen, war deprimierend, obwohl die Behandlung, die uns die Herren von Szkolna angedeihen ließen, etwas besser war als in den anderen Lagern. Hier war es noch auszuhalten. Ich wurde in die Korbflechterei, die Koszkarnia, eingeteilt. Es war keine schlechte Werkstatt, da wir beim Flechten in einer geheizten Baracke saßen. Draußen war es inzwischen furchtbar kalt. Die Flechterei, in der viele Frauen arbeiteten, erstreckte sich über zwei Baracken. Wir stellten an langen Bänken halb im Sitzen die Körbe nach einem Modell her. Die Weidenruten kamen mit dem Zug und wurden danach mit dem Lastwagen nach Szkolna gebracht. Die Männer schleppten sie bündelweise herein. Mit dem Abfall, der beim Rutenschneiden anfiel, feuerten wir die Öfen, so dass wir immer im Warmen saßen. Das Flechten war keine unangenehme Arbeit, obwohl man von den spröden Ruten Blasen an den Fingern bekam. Unser Arbeitstempo konnten wir selbst bestimmen, denn der Kapo, der uns beaufsichtigte, machte uns keine Vorschriften.

Wir hatten vereinbart, so viele Körbe zu flechten, dass die SS nichts zu beanstanden hatte. Wenn ein SS-Mann in die Baracke kam, rief der Kapo mit Donnerstimme »Achtung!« woraufhin alle aufsprangen, bis er befahl »Weitermachen!«. Diese Verhaltensregeln waren zwar kranken Hirnen entsprungen, aber ihre Befolgung sorgte dafür, dass niemand beim Dösen, Schlafen oder anderen Ablenkungen erwischt wurde.

Beim Arbeiten hatten wir vollauf Gelegenheit, Geschichten zu erzählen und uns zu unterhalten. So habe ich wochenlang mit Eva Kroonenberg geredet, die auch aus der Druckerei entlassen worden war. Mit der Zeit entstand eine enge Freundschaft zwischen uns beiden. Wir mochten uns sehr gern. Auch abends trafen wir uns oft. Eine intime Beziehung ist nicht daraus entstanden. Sie hatte keine Verwandten im Lager und musste alles ganz allein regeln.

Eines Tages stolzierte Winogrodski wieder wie ein Pfau durch das Lager. Der Mann, der mit Czerwonykamien und Seifert in Lublin die Liste der Drucker aufgesetzt hatte, war bevollmächtigt, die Osti-Aktivitäten in Radom zu organisieren und sollte deren Verwaltungschef werden. Damit wurde er persönlich für alle Werkstätten zuständig. Er hatte sich in der Verwaltungsbaracke ein Zimmer eingerichtet, in dem er mit seiner Frau, seinem Sohn Arno und ein paar anderen Verwandten hauste. Nach Arbeitsschluss standen meist Häftlinge vor seiner Tür, die ihn um eine Gefälligkeit bitten wollten. Auch Joop und ich beschlossen, zu ihm zu gehen und um die Rückversetzung in die Druckerei zu bitten. Unser Argument, dass dort richtige Drucker statt Gerber arbeiten sollten, überzeugte ihn aber nicht. Er hatte seine eigenen Maßstäbe und neigte selbst zur Korruption.

Alle paar Tage wurden ein paar Männer ausgesucht, die mit dem Bedford, den mein polnischer Freund Micha Zysman[17] fuhr, zur Rampe gebracht wurden, wo sie wikline, Weidenruten, abholen mussten. Ich drückte mich vor dieser Arbeit, so gut ich konnte, denn das war das Reich des besonders gefährlichen Oberscharführers, Möller[18], der den Beinamen »der Knochenbrecher« trug. Möller erkannte mich, den »faulen Holländer aus der Druckerei«, und ließ mich ständig die Peitsche und den Gewehrkolben spüren. Auch mit Händen und Füßen half er gern nach. Von diesem Prototypen eines Sadisten habe ich viel einstecken müssen.

Das Jahr 1943 ging zu Ende. Wie durch ein Wunder hatte ich mittlerweile sieben Monate Polen überlebt. Ich war bereits viele Male durchs Nadelöhr geschlüpft; wie viele würden mir noch bevorstehen? Ich hoffte darauf, dass uns die Sowjetarmee im kommenden Jahr befreien würde. Dass Charkow und Kiew schon befreit waren, wusste ich, aber diese Städte waren weit von Radom entfernt. Es konnte also noch lange dauern.

Am Silvesterabend ließen sich die Deutschen voll laufen. Ich weiß noch gut, wie sie volltrunken das alte Jahr mit Schüssen verjagten. So versuchten sie, fern der Heimat auf ihre Art Silvester zu feiern. Wir hatten große Angst, dass ihre Feier entgleisen und auf unsere Baracken übergreifen würde. Ein Schuss auf einen Juden wäre dann eine Kleinigkeit gewesen. Als es spät in der Nacht endlich still wurde, konnten wir aufatmen und die Augen schließen.

Anfang Januar 1944 kam das Gerücht in Umlauf, dass die Ukrainer gegen andere Aufseher ausgetauscht würden. Dann würde die SS noch mehr Macht im Lager bekommen. Unsere Lage konnte sich dadurch verbessern oder verschlimmern, denn die Ukrainer behandelten uns meistens noch unbarmherziger als es ihre Lehrmeister taten. Am 15. Januar zeigte sich, dass die Gerüchte stimmten. Die Ukrainer zogen ab, und mit ihnen verschwand auch der gefürchtete Rokita. Ein frisches SS-Kontingent aus Rumänien rückte nach, das der aus Lublin stammende SS-Obersturmführer Siegmann befehligte. Die Ankunft der Truppe war ein großer Auftritt. Siegmann gab seiner Mannschaft Kommandos, wie es nur ein geharnischter SS-Mann konnte. Sie salutierte und schlug die Hacken zusammen, wie es sich gehörte.

Da mehr SS-Leute gekommen waren, als es Ukrainer gegeben hatte, mussten eiligst neue Baracken gebaut werden. Als das geschehen war, konnten der Kommandant und seine Leute an die Arbeit gehen.

Seine erste öffentliche Amtstat bestand darin, allen Häftlingen den Kopf kahl scheren zu lassen, sowohl den Männern als auch den Frauen. Für die Frauen war das eine große Erniedrigung und Enthumanisierung. Die Frauen, die wir mit wunderbaren Haarmähnen kannten – der einzige äußere Schmuck, den sie noch besaßen, – sahen nun schrecklich aus. Sie versuchten das mit Kopftüchern zu kaschieren und machten sogar noch Witze darüber. Danach nahm man uns die Zivilkleidung ab und steckte uns wie die Juden im Nachbarlager in blauweiß gestreifte Häftlingsanzüge, ob sie nun passten oder nicht. Sie wurden wahllos ausgegeben, so dass große Männer zu enge Sachen und zierliche Frauen zu weite bekamen. Wir sahen wie die Clowns aus. In Brusthöhe war ein gelb-roter Davidstern aufgenäht und darunter prangte eine schwarze Nummer auf einem weißen Leinenschildchen. Meine Jacke trug die Nummer 1264. Nachdem die Nazis uns in namenlose Nummern verwandelt hatten, mussten wir antreten, um noch einmal nach Wertsachen durchsucht zu werden. Diesmal weiteten sie die Suche auf jede einzelne Baracke aus. Siegmann wollte sich davon überzeugen, dass er es wirklich mit Habenichtsen zu tun hatte. Meinen Taschenspiegel mit Chels Bild hatte ich wieder gut versteckt.

Die Regeln wurden noch strenger. Während der Appelle wurden wir fortan von drei Scharführern gezählt, die danach dem SS-

Hauptscharführer Johann Hecker Meldung machten. Hecker hatte einen – allerdings ungefährlichen – Tick: Während er auf das Ergebnis wartete, ließ er seinen Schlüsselbund in der Hand auf und nieder hüpfen und pfiff dabei durch die Zähne. Die Appelle dauerten länger als vorher und fanden zu unterschiedlichen Zeiten statt. Auch bei der Rückkehr aus den Werkstätten außerhalb des Lagers wurde strenger kontrolliert. Aus diesem Grund ging unser kleiner Tauschhandel ein.

Der Kommandant sorgte allerdings dafür, dass wir mehr und besseres Essen bekamen. Während eines Appells ließ er ein Kochgeschirr mit Suppe bringen. Es handelte sich um die übliche Wassersuppe mit ein paar Kartoffel- und Kohlrübenscheiben. Er ließ den Koch einen Löffel kosten. Danach spielte der Kommandant sein Theaterstück weiter, drehte sich zu Friedman um und bedeutete ihm, man solle doch besser kochen. Als ob der Lagerälteste etwas zu sagen gehabt hätte! Außerdem gab der Kommandant bekannt, dass die Brotration auf 500 Gramm erhöht werde, was am nächsten Tag auch wirklich geschah. Sein Motto lautete: Wer arbeitet, soll auch essen.

Möglicherweise hing es mit dem Kriegsverlauf zusammen, jedenfalls ging es mit der Korbflechterei bergab. Immer mehr Korbflechter wurden zu anderen Arbeiten abkommandiert. Ich wurde ins Zaunbaukommando eingeteilt. Siegmann hatte in seiner unergründlichen Weisheit beschlossen, das Lagergelände zu vergrößern. Daher ließ er ungefähr 20 Meter außerhalb des Stacheldrahtzauns neue Pfähle einschlagen. Jeder Pfahl musste mindestens zwei Meter tief in die Erde getrieben werden. In jenen Tagen herrschte strenger Winter, 25 bis 30 Grad minus. Daher war es nicht möglich, die Pfähle mit dem Hammer in die Erde zu schlagen. Wir mussten mit der Spitzhacke und bloßen Händen ein anderthalb Quadratmeter großes Loch ausheben, bevor wir in 80 Zentimetern Tiefe auf etwas lockere Erde stießen. Das war eine Heidenarbeit. Die Blutblasen sprangen schnell auf. Ich starb fast vor Kälte, da ich keine warme Kleidung hatte. Trotzdem arbeitete ich wie besessen, um die lockere Erde so schnell wie möglich zu erreichen. Das Loch, das so entstand, bot etwas Schutz vor der Kälte. Außerdem schnitt ich mir aus einer Decke, die ich dem Barackenführer abgeluchst hatte, eine Art Hemd zurecht, das ich unter meiner dünnen Jacke trug. Aus ein paar übrig gebliebenen Streifen machte ich mir Beinwärmer, die ich mir unter der Hose umband. Es war natürlich verboten, Decken zu zerschneiden. Wenn man dabei erwischt wurde, galt das als Sabotage von Reichseigentum. Darauf standen strenge Strafen. Einen aus unserer Gruppe hatten sie erwischt. Er musste sich draußen in der Kälte ausziehen und wurde ausgepeitscht.

Als alle Löcher für die Pfähle fertig waren, kam Siegmann auf die Idee, das Lagergelände um weitere fünf Meter zu vergrößern. Also mussten wir die frisch gegrabenen Löcher wieder zuschaufeln. Da sagte ich mir: Schluss mit dieser Schufterei. Hier halte ich nicht mehr lange durch. Joop brachte mich auf den Gedanken, mich für die Waffenfabrik zu melden, in der er schon seit einiger Zeit arbeitete. Dort konnte man zwar auch für schwere und ungesunde Arbeit eingeteilt werden, aber mir war alles lieber als 25 Grad minus. Leo riet mir davon ab, denn es würde bald Frühling werden, und dann wäre die Arbeit im Freien angenehmer als in einer stickigen Waffenfabrik. Doch ich konnte nur an die eisige Kälte von heute und morgen denken und wollte nichts weiter als weg aus dem verdammten Zaunbau. Mein Entschluss stand fest.

Ich hatte Glück, denn der Arbeitsführer, bei dem ich mich melden musste, teilte mich sofort ein. Ich wurde in das angrenzende Lager verlegt, in dem ausschließlich die Juden aus der Waffenfabrik untergebracht waren. Nur die SS-Leute und Aufseher konnten durch einen schmalen Stacheldrahtkorridor vom einen zum anderen Lager gelangen. Also konnte ich mich mit Leo nur noch auf Abstand verständigen. Meine Verlegung fand noch am gleichen Abend statt, nach dem Appell. Bevor ich in die Baracke durfte, musste ich zur Entlausung. Man durfte kein Ungeziefer in die Fabrik mitbringen, da man dort mit Zivilisten in Berührung kam. Die warme Dusche war nach der Kälte der vorhergehenden Tage ein ausgesprochener Genuss. In der Zwischenzeit wurde meine Häftlingskluft entlaust. Diesmal brauchte ich meinen Taschenspiegel nicht zu verstecken.

Mit diesem Spiegel hatte es eine besondere Bewandtnis. Wenn ich an Chel dachte, versuchte ich mir immer ihr Gesicht vorzustellen.

Ich malte mir aus, wie sie gewesen war: schön, lieb, fröhlich und lachend. Aber neuerdings, nach so vielen Monaten, wollte mir das nicht mehr gelingen. Wenn ich die Augen schloss und mir die größte Mühe gab, sie heraufzubeschwören, sah ich ein Frauengesicht, das nichts mit Chel zu tun hatte. Ich sah eine andere, willkürliche Frau vor mir. Dann nahm ich meine Zuflucht zu dem Taschenspiegel und sagte mir: »Ja, so hast du ausgesehen, als wir heirateten.« Wenn ich den Spiegel wieder in die Tasche gesteckt hatte und es am nächsten Tag aufs Neue versuchte, stand wieder die nicht existierende Frau vor mir. Ich erzählte Leo von der Sache. Ihm ging es genauso, das heißt eigentlich noch schlimmer als mir. Er konnte sich das Gesicht seiner Frau überhaupt nicht mehr vorstellen, da er kein Foto von ihr besaß.

In einer alten, völlig verwahrlosten Baracke bekam ich eine Pritsche zugewiesen, auf der bereits ein Häftling lag und schlief. Da die Juden in der Fabrik in zwei Schichten arbeiteten – jedesmal zwölf Stunden – mussten sich zwei Arbeiter eine Pritsche teilen. Die Frühschicht ging von acht Uhr morgens bis acht Uhr abends, die Spätschicht umgekehrt. Nur am Sonntagnachmittag trafen die Schichtarbeiter aufeinander, denn dann wurde nicht gearbeitet. An diesem Tag lagen zwei Männer auf der Pritsche. Wenn man ruhen oder schlafen wollte, musste sich einer ans Kopfende und einer ans Fußende legen.

Am nächsten Tag hatte ich Frühschicht. Halb acht marschierte ich zum ersten Mal zur Waffenfabrik der ursprünglich österreichischen Firma Steyer-Daimler-Puch. Auf halbem Wege begegnete uns die erschöpfte Kolonne, die von der Nachtschicht kam.

Die Waffenfabrik bestand aus einem mehrgeschossigen Hauptgebäude und einigen Nebengebäuden, in denen sich Schmieden befanden. Im Hauptgebäude wurden unter anderem Gewehre produziert. Ein Kapo brachte mich durch das breite Treppenhaus in die zweite Etage, wo lange Reihen von Maschinen standen. Ein polnischer Vormann teilte mir eine Drehbank zu. Ich sprach ein paar Worte Niederländisch, um ihm klar zu machen, dass ich kein Polnisch verstand. Er tat, als habe er mich nicht gehört.

Als Drucker hatte ich noch nie mit Drehbänken zu tun gehabt, so dass ich nicht wusste, wie ich sie bedienen sollte. Mit ihren Antriebsrädern, Spindeln und Zahnrädern sah die Maschine wie ein Ungeheuer aus. Wie sollte ich das bändigen? Aber an den Drehbänken um mich herum standen auch Häftlinge, die kaum alle Dreher sein konnten. Wenn sie das schafften, dann konnte ich das auch. Inzwischen hatte der Pole einen Kollegen geholt, der mir in gebrochenem Deutsch erklärte, was ich zu tun hatte. Ich sollte ein Loch mit einem Durchmesser von etwa 3 cm in die Mitte eines vorbearbeiteten Metallteils bohren. Erst musste ich es vorschriftsmäßig in die Maschine einlegen, dann den Treibriemen in Bewegung setzen, während ein weißer Ölstrahl über den Bohrer floss, damit er nicht heiß lief. Der Pole machte mir vor, an welchen Rädern ich drehen sollte. Kalibergenau sollte ich überprüfen, ob die Bohrung innerhalb der Toleranzgrenze lag. Solche Arbeit machte ich zum ersten Mal. Sie war ein bisschen kompliziert, aber ich gab mir Mühe. Ich musste mich beeilen, da die Arbeiter an den folgenden Maschinen auf die von mir mit Löchern versehenen Metallstücke warteten. Es handelte sich um Gewehrteile. Wenn die Produktion stagnierte, wurde der Vormann böse, fluchte laut und drohte uns Strafe an. Da sich das Metall weder ausdehnen noch zusammenziehen durfte, herrschte in der Halle eine konstante Temperatur. Die Zeit ging schnell vorüber, und die Suppe, die mittags ausgeteilt wurde, schmeckte besser als im Lager. Zu Kontakten mit den polnischen Arbeitern kam es nicht. Ich wusste nicht, ob es verboten war oder ob sie derart notorische Antisemiten waren, dass sie sich nicht mit mir einlassen wollten.

Als ich abends ins Lager zurückkehrte, merkte ich gleich, dass etwas vorgefallen sein musste. Statt der vielen Häftlinge aus dem anderen Lager, die sonst auf uns warteten, standen nur wenige da. Glücklicherweise war Leo unter ihnen. Von ihm erfuhr ich, dass man die Schuster, Schneider und Korbflechter nach dem Morgenappell von der Druckerei und den anderen Werkstätten abgesondert hatte. Die Arbeiter aus diesen drei Werkstätten hatte man in Lastwagen verfrachtet und, wie der Lagerälteste vermutete, nach Lublin abtransportiert. Auch Eva war zu meinem Kummer weggebracht worden. War mein Wechsel in die Waffenfabrik Zufall, Vorahnung oder Glück gewesen? Oder wollte das Schicksal, dass Leo, Joop und ich beisammen blieben?

Die Arbeit an der Drehbank war anstrengender und schwieriger als gedacht. Ich musste darauf achten, dass die Bohrer scharf waren und dass das Metall auf den Zehntelmillimeter genau in die Maschine eingelegt wurde. Da mir das nicht immer gelang, lieferte ich manchmal Teile ab, die leicht von den Vorgaben abwichen. Obwohl die Arbeit volle Konzentration erforderte, war sie nicht unangenehm.

Nach ein paar Tagen holte mich der Vormann ab. Er brachte mich in ein großes Büro, in dem ein Mann in einer merkwürdigen Uniform hinter dem Schreibtisch saß. Er sagte mir auf den Kopf zu, dass ich viele Stücke verpfuscht hätte. Da ihre Maße nicht stimmten, waren die darauf folgenden Arbeitsgänge sinnlos gewesen. Die Stücke seien im Abfall gelandet. Das sei Sabotage, und darauf stehe die Todesstrafe. Aber er wolle diese Angelegenheit intern behandeln, da ich erst seit kurzem in der Fabrik arbeite. Er befahl mir, die Hose herunterzulassen und mich über einen Stuhl zu beugen.

Schon in Lublin hatte ich oft gesehen, dass Häftlinge 25 oder sogar 50 Peitschenschläge bekamen. Der arme Rozaneck hatte sogar 100 überstanden. Er hatte geschrien wie ein Wahnsinniger, überlebte aber die Tortur und arbeitete nach wie vor in der Druckerei. Wenn er 100 vertragen hatte, musste ich doch 25 aushalten können!

Wie die Peitschenhiebe ausgeteilt werden, ist bezeichnend für den Schläger: sadistisch und kraftvoll oder genüsslich-wollüstig. Dieser Mann, der den Namen Perkonik trug, wie ich von den Kollegen hörte, schlug voller Wollust, gerade hart genug, dass man auf die Dauer schreien musste. Man sagte von ihm, dass er jeden Tag jemanden bestrafte, mit oder ohne Grund. Er hatte das pathologische Bedürfnis, jeden Tag einen nackten Hintern zu sehen, aus dem Blut floss.

Anfangs dachte ich, es sei gar nicht so schlimm. Es tat zwar weh, aber ich konnte mir die Schreie verbeißen. Ich sagte mir: »Sei tapfer und lass dir nichts anmerken. Vielleicht regt es ihn erst recht auf, wenn du schreist, so dass er noch härter zuschlägt.« Also versuchte ich, meine Schmerzgrenze zu verlegen. Aber nach acht oder zehn Hieben fühlte ich, wie das Blut aus meinen Wunden floss. Da konnte ich mich nicht mehr beherrschen, und er begann, härter zuzuschlagen. Ich musste einfach schreien, während er laut weiterzählte. Trotz der heftigen Schmerzen zählte auch ich lautlos mit, allerdings rückwärts: drei, zwei und jetzt der letzte. Nach dem fünfundzwanzigsten Schlag hörte er tatsächlich auf.

»Zieh dich an«, sagte er, während er sich den Schweiß von der Stirn wischte. Er drückte auf einen Knopf und der Vormann erschien. Er befahl ihm, einen Aufseher und einen Kapo zu holen, die mich ins Lagerrevier bringen sollten. Dort solle ich drei Tage bleiben. Mein Peiniger, der gerade sein Mütchen an mir gekühlt hatte, verordnete mir Schonung! Ein SS-Mann hätte mich einfach wieder zur Arbeit geschickt.

Also kehrte ich zu einer unüblichen Zeit ins Lager zurück und landete in der Krankenbaracke. Sie war sauberer als die Schlafbaracken. Die Pritschen waren zweistöckig. Sie waren längst nicht alle besetzt, so dass sich der diensthabende Arzt viel Zeit für mich nehmen konnte. Wie ich vermutete, wurden hier häufig Opfer aus der Waffenfabrik abgeliefert. Mein Hintern schwoll an wie ein Ballon und schmerzte immer mehr, so dass ich auf dem Bauch liegen musste. Nach drei Tagen Pflege und besserem Essen fand mich der Arzt noch immer arbeitsunfähig. Er wollte mich länger in seiner Obhut behalten. Als er mich nach zwei Wochen entließ, konnte ich fast normal gehen und wurde wieder in die Fabrik geschickt.

Der Vormann gab mir andere Arbeit, damit mir nicht wieder dasselbe drohte. Ich bekam zwei Maschinen zugeteilt, die jeweils sechs große Bohrer hatten. Unter Aufsicht eines polnischen Arbeiters musste ich rohe Metallstücke einlegen, in die lange, vertikale Löcher gebohrt wurden. Dabei lag die Toleranzgrenze höher, denn die genaue Bohrung erfolgte auf anderen Maschinen. Der polnische Arbeiter hatte weiter nichts zu tun als zuzusehen, Wurst zu kauen, Zigaretten zu rauchen und mich zu verfluchen. Auch diese Bohrer wurden mit der weißen Flüssigkeit gekühlt, die aus kleinen Hähnen floss. Beim Wechsel der Stücke blieben die Hähne offen, so dass mir die Flüssigkeit ständig über die Hände und Arme lief. Nach ein paar Tagen bekam ich lauter Pickel auf den Armen, die sich bald auch über meine anderen Körperteile ausbreiteten. Nun verstand ich, warum ich für diese Arbeit eingeteilt worden war, während der Pole nur zuschaute.

Als ich diesen Ausschlag schon ein paar Wochen hatte, bat ich den Vormann zum zweiten Mal um andere Arbeit. Nun musste ich die bearbeiteten Teile nachfeilen und mit einem Stahlstempel kennzeichnen. Dabei konnte ich nichts falsch machen. Obwohl ich versuchte, so langsam wie möglich zu arbeiten, behielt ich Zeit übrig. Um nicht durch Nichtstun aufzufallen, betrachtete ich die letzten Stücke eingehend, bis ein neuer Korb mit Einzelteilen gebracht wurde. Unterdessen konnte ich meinen Gedanken freien Lauf lassen.

Hin und wieder heulten auf dem Dach und in den Sälen die Sirenen des Luftalarms. Dann wurde die Arbeit unterbrochen. Die Deutschen und die Polen eilten in die Luftschutzkeller, während wir mit den Kapos im Arbeitsraum blieben. Ich weiß nicht, ob in dieser Zeit Bomben auf Radom gefallen sind.

Als die Kontrolle am Lagereingang nicht mehr so streng war, entwickelten wir allmählich wieder illegale Aktivitäten. Die Drucker nahmen im Hintergarten an der Stare Miasto erneut Kontakt mit den Polen auf und schmuggelten vorsichtig kleine Mengen an Nahrungsmitteln ins Lager. Leo kaufte ein paar Schachteln Zigaretten, die Joop und ich in unserem Lager gewinnbringend verkauften. Mittlerweile hatte Siegmann die beiden Lager zusammengelegt. Joop hatte in der Waffenfabrik ein Pulver aufgetrieben, das man in Wasser auflösen konnte. Das Getränk schmeckte nach Limonade. Sonntags verkauften wir es für ein paar Złoty. Wir lockten Kunden an, indem wir »ljemmonada« riefen. Da es gerade warm war, fand das Getränk großen Absatz. Wir verdienten damit genug, um hin und wieder ein bisschen Milch, Butter oder sogar ein Ei zu kaufen. Unsere ljemmonada machte uns unter den Häftlingen noch bekannter, als wir schon waren.

Alles, was ess- und trinkbar war, kam in ein Soldatengeschirr, das ich wie meinen Taschenspiegel immer bei mir hatte. Es hing an einem Strick, den ich mir um die Taille gebunden hatte. So hatte ich immer ein Gefäß, in dem ich Reste aufheben konnte. Manche Häftlinge nannten ihr Essgeschirr auch panneke, weil wir Holländer dieses Wort verwendeten.

Manchmal kam es vor, dass Häftlinge aus anderen Lagern des Distrikts Radom nach Szkolna verlegt wurden. Die meisten landeten in der Waffenfabrik. Da sie in Budzyn und Skarżysko-Kamienna in ähnlichen Werken gearbeitet hatten, waren sie an diese Arbeit gewöhnt. Aus einem Lastwagen, der aus Bliżyn kam, stieg zu meinem Erstaunen auch ein niederländisches Mädchen. Sie hieß Celina Ensel[19] und stammte aus Rotterdam. Mit ein paar anderen Niederländerinnen war sie über Sobibór und Lublin in Bliżyn gelandet, wo sie wie wir die einzigen Holländer unter tausenden polnischen Juden waren. Wir freuten uns über ihre Ankunft, denn mit Celina hatten wir eine Freundin hinzubekommen, mit der wir unsere Sprache sprechen konnten. Sie berichtete, dass sie am 10. März 1943 mit ihrer Schwester aus Westerbork abtransportiert worden war, also etwa drei Monate früher als ich.

Dem Kommandanten war nicht entgangen, dass die Häftlinge viele Kontakte mit der Außenwelt unterhielten. Irgendwie hatte er erfahren, dass trotz der strengen Kontrollen am Tor Lebensmittel und Geld ins Lager geschmuggelt wurden. An einem Sonntagnachmittag ordnete er überraschend einen Appell an. Er suchte sich diesen Tag aus, weil sich sonntags alle Häftlinge im Lager befanden. Uns Dreien und Celina war klar, dass zu dieser unüblichen Stunde etwas geschehen würde. Schnell beratschlagten wir, wo wir die paar hundert Złoty, die wir ergattert hatten, verstecken sollten. Celina wusste sofort Rat: »Frag mich nicht, wie und was, aber gib mir die Scheine, bei mir sind sie sicher.«

Als alle auf dem Appellplatz standen, wurden wir gruppenweise zur Desinfektionsstation im alten Teil des Lagers gebracht. Dort musste man sich ausziehen und die Kleidung zum Entlausen abgeben. Da es nur darum ging, uns unsere Habseligkeiten abzunehmen, wurden wir nicht unter die Dusche geschickt. In der Zwischenzeit wurden andere Häftlinge dazu abkommandiert, unter Aufsicht der SS alle Baracken zu durchsuchen. Alles, was sie dabei fanden, mussten sie abgeben. Bei dieser Aktion wurden insbesondere die Strohsäcke kontrolliert, die einzige Stelle, an der man Esswaren und wertvolle Gegenstände aufheben konnte. Kurz nachdem ich meine Kleidungsstücke abgegeben hatte, bekam ich sie glühend vor

Hitze und ohne Läuse wieder. Auch diesmal hatte ich meinen kostbaren Spiegel gerettet.

Nachdem auch die Frauen ihre Kleidung zurückbekommen hatten, kam Celina zu uns in die Baracke und gab uns die Złoty lächelnd zurück. »Wisst ihr, ich habe ein gutes Versteck für so etwas. Habe ich zur Belohnung nicht 20 Złoty verdient?« Sie hat den Krieg überstanden und lebte bis zu ihrem Tod 2001 bei Rotterdam. Für mich wird sie immer die liebe kleine Fee bleiben, die mein Lagerleben ein paar Monate lang erträglicher gemacht hat.

Ein Ereignis, das ich nie vergessen werde, war eine Zusammenkunft, die an einem Sonntagnachmittag in einer der Baracken stattfand. Wie so oft sprachen wir davon, wie das Leben früher gewesen war und wie es – sollten wir überleben – nach dem Sieg aussehen würde. Zwischendurch erzählten wir uns Witze. Vater und Sohn Back sangen jiddische Lieder wie *Majn stajtele Bels* und *Joscke furt awek*. Zögernd fielen andere ein, manche konnten vor Rührung keinen Ton herausbringen. Als Vater Back *Majn jiddische Memme* sang, wurde es still in der Baracke. Niemand wollte die Stimmung brechen. Der Kummer senkte sich wie eine Decke über uns. Die polnischen Juden kehrten in Gedanken in die Ghettos zurück, wo diese Lieder bei freudigen und traurigen Anlässen so oft erklungen waren. Bei den Borzykowskis in der Nieuwe Kerkstraat habe ich sie auch häufig gehört, wenn sich die Anski-Mitglieder trafen oder zur Feier des Freitagabend. Gretha sang gern *Raisele* und *A Majdele*, Liebeslieder, die für Hella und Chel bestimmt waren und bei denen sie den beiden Schwiegersöhnen zuzwinkerte. Ich wusste, dass diese Zeiten unwiderruflich der Vergangenheit angehörten. An Chel und ihre Familie denkend, spürte ich einen Kloß in der Kehle und konnte die Tränen nicht länger zurückhalten.

Da betrat Perczick die Baracke, ein Künstlertyp um die Vierzig, der langsam eine Glatze bekam und den immer eine bildschöne Frau begleitete. Er war Berufsmusiker und hatte sich zu den Warschauer Druckern gesellt. Er hatte eine Geige bei sich. Wie das Instrument ins Lager gekommen war, blieb mir ein Rätsel. Aber das tat nichts zur Sache. Perczick holte die Geige aus dem Kasten, ergriff den Bogen und fing an zu spielen. Schon nach dem ersten

Takt erkannte ich die *Chaconne für Solovioline* von Johann Sebastian Bach. Mein Vater, der von der Gewerkschaft der Diamantarbeiter Freikarten bekommen hatte, hatte mich als Kind mit ins Concertgebouw genommen, wo Bronislaw Hubermann diese *Chaconne* spielte. Sie hatte einen unauslöschlichen Eindruck bei mir hinterlassen, nicht nur wegen ihrer überirdischen Melodie, sondern auch, weil eine einzige Geige das Wunder vollbrachte, wie ein ganzes Orchester zu klingen. Hier klang diese Musik ganz anders, obwohl fast die gleichen Noten gespielt wurden, – tragischer, überwältigender und triumphaler zugleich. Ich wurde von meinen Gefühlen übermannt. Es lief mir kalt den Rücken runter. In meinem Häftlingsanzug erhob ich mich, um diese Gefühle noch stärker erleben zu können. Perczick hatte eine großartige Leistung vollbracht.

Es blieb eine Weile still. Man ließ die Musik im Kopf ausklingen. Dann fielen wir einander um den Hals. Diese überirdische, von einem Deutschen komponierte Musik, hatte uns mit Hoffnung erfüllt. Dass so etwas in einer Baracke an der Szkolna möglich war: ein Geschenk des Himmels. Für mich ist die *Chaconne* immer ein Sinnbild überirdischer Kraft geblieben. Ich bin dankbar für dieses Erlebnis. Intensiver, gefühlvoller und nachhaltiger kann diese Musik nie wieder gespielt werden.

Ich hatte gehört, dass vier junge Leute einen Fluchtversuch unternommen hatten, aber im letzten Moment beim Graben eines Tunnels erwischt worden sind. Als man sie beim Appell vorführte, fürchtete ich, dass man die beiden Frauen und die beiden Männer vor unseren Augen hinrichten würde. Zu unserem Erstaunen geschah das nicht. Vermutlich wollte sich der Kommandant von seiner humanen Seite zeigen. Die Frauen erhielten die Hälfte der Peitschenhiebe, die die Männer bekamen. Sie mussten vor uns allen den Rock heben. Das war natürlich eine Erniedrigung, aber immer noch besser als der Tod. Zum Zuschauen gezwungen, empfanden wir fast den gleichen Schmerz wie die vier Geschlagenen.

Nach der Bestrafung gab Siegmann bekannt, man habe die vier dabei überrascht, wie sie einen unterirdischen Gang von einer Schlafbaracke bis hinter den Stacheldraht gruben. In ihrer

Unerfahrenheit hatten sie den Gang geradeaus statt in einem Winkel von 45 Grad unter der Straße hindurch geführt. Als ein Lastwagen über diese Stelle fuhr, brach er mit den Vorderrädern ein. Die vier Häftlinge mussten einen großen roten Punkt auf dem Rücken tragen. Damit waren sie als fluchtbereit gekennzeichnet. Für die SS war dieser Fluchtversuch ein Alarmzeichen: Es gab Juden im Lager, die nicht abwarten wollten, wie andere für sie entschieden.

Mitte Juli 1944 wurde geflüstert, das Lager werde aufgelöst, weil die Sowjetarmee nach Westen vorrücke. Sie stehe angeblich schon vor Warschau und sei nicht mehr weit von Radom entfernt. Die Atmosphäre im Lager war gespannt, weil wir nicht ahnen konnten, was die SS mit uns vorhatte. Wollte sie uns evakuieren, so dass wir der Kriegsindustrie erhalten blieben, oder wollte sie uns den Russen überlassen? Vielleicht wollte sie uns ja auch töten, damit es keine Zeugen für das gab, was sich in Radom abgespielt hatte. Dass man uns den Russen überlassen würde, war unwahrscheinlich. Also drohte uns der Tod oder die Evakuierung. Damals wussten wir noch nicht, dass der Kommandant der Sicherheitspolizei von Radom in einer geheimen Reichssache den Befehl erlassen hatte, dass »bei einer überraschenden Entwicklung der Lage, die das Abführen der Gefangenen unmöglich macht, alle Gefangenen zu liquidieren und die Leichen, wenn möglich, unauffindbar zu machen sind. Unter allen Umständen muss verhindert werden, dass Gefangene bzw. Juden von der Roten Armee befreit werden oder ihr in die Hände fallen.«[20]

Es gab Anzeichen für eine bevorstehende Evakuierung. Wir merkten, dass sich die Aufseher milder verhielten. Auch manche SS-Leute waren nachsichtiger und versuchten sogar Kontakt mit uns aufzunehmen. Dass das System in Auflösung begriffen war, erkannten wir, weil nun auch Soldaten der Wehrmacht vorüberzogen. Man brauchte kein Stratege zu sein, um zu sehen, dass sich die deutsche Armee auf dem Rückzug befand.

Ein paar Tage lang durften wir das Lager nicht mehr verlassen. Die Kapos sagten uns, die Waffenfabrik sei bereits geschlossen worden.[21] Man demontiere die Maschinen und mache sie transportbereit. Offenbar sollten sie nach Deutschland geschafft werden.

Wir genossen es, unsere Zeit mit Nichtstun zu verbringen. Es gab die wildesten Gerüchte über den Vormarsch der Sowjets. Nun konnten wir beobachten, wie sich die SS-Leute unter Druck verhielten. Wir sahen ihre Angst. Sie fühlten sich nicht mehr als Herr und Meister, sondern fürchteten den nahenden Feind.

Nun kam der Moment, dass uns der Kommandant beim Morgenappell den Befehl gab, uns auf den Fußmarsch nach Łódź, das die Deutschen damals Litzmannstadt nannten, vorzubereiten. Die Entfernung betrug ungefähr 150 Kilometer. Man hatte sich also für die Evakuierung entschieden. Uns stand ein langer und schwerer Marsch bevor. Obwohl niemand in Szkolna unterernährt war, hatten wir allen Grund zur Furcht. Sogar unter normalen Bedingungen wären nur starke und gut trainierte Menschen dazu in der Lage. Häftlinge wie wir hatten keine ausreichende Kondition, aber vor allem hatten wir kein ordentliches Schuhwerk, von Strümpfen ganz zu schweigen. Unsere dünne, zerschlissene Kleidung hielt weder Regen und Wind noch Kälte ab. Nach einem Tagesmarsch würden wir gewiss nicht in einer Herberge übernachten. Man würde uns auch nicht auf einer Bank ausruhen lassen, wenn wir eine Pause brauchten. Und an Ständen mit Broten und Getränken würden wir auch nicht vorbeikommen. Leo und ich fragten uns, ob es irgendwo ein Versteck im Lager gäbe, wo wir auf die Russen warten könnten. Wir fanden aber keine solche Stelle. Außerdem war nicht ausgeschlossen, dass die SS die Baracken anzünden würde, um Häftlinge in ihren Verstecken auszuräuchern.

Später stellte sich heraus, dass der Vormarsch der Sowjetarmee in 30 Kilometer Entfernung zum Stehen gebracht worden war. Die Befreiung von Warschau und Radom ließ noch ein halbes Jahr auf sich warten. Wir bastelten uns Rucksäcke zusammen, in die wir eine Decke und die Tagesration, die erstmals ein paar Zigaretten enthielt, stecken konnten. Dann hatten wir wenigstens die Hände für den Marsch frei.

Tomaszów/Auschwitz

Nachdem wir am 26. Juli 1944 zum letzten Mal in Szkolna angetreten waren, zogen wir – ungefähr 3.000 Personen in geschlossener Kolonne – aus dem Lager. Mehr als ein Jahr hatte ich in Radom verbracht, einer Stadt, von der in den Niederlanden noch nie jemand gehört hatte. An der Spitze unserer Kolonne fuhren Lastwagen mit den in aller Eile eingeladenen Besitztümern der SS-Leute, und den Abschluss bildeten Leiterwagen voller Lebensmittel. Zu allerletzt kam die Feldküche. SS-Leute patrouillierten zu beiden Seiten der Kolonne, manche führten Hunde an der Leine. Wir gingen durch die Straßen von Radom, die an den einst so einflussreichen jüdischen Bevölkerungsteil erinnerten. Die meisten Häftlinge waren gebürtige Radomer; sie waren die letzten Juden, die die polnischen Einwohner ohne besondere Anteilnahme an sich vorbeiziehen sahen. Vielleicht waren sie ja froh, dass die Juden gehen mussten. Einige signalisierten Beifall.

Uns wunderte, dass sich ein paar Wehrmachtssoldaten den Aufsehern angeschlossen hatten. Sie kamen vermutlich von der Front und hatten den Anschluss an ihre Truppe verloren. Aber was ging uns das an. In der ersten halben Stunde liefen wir in ordentlichen Reihen und relativ langsam. Das schlechte Schuhwerk – es bestand bei den meisten nur aus ein paar Leinenbändern, die man auf eine Holzsohle genagelt hatte – forderte seinen Tribut. Bald entstanden Löcher in den Reihen. Vor allem die älteren Leute, die nicht an lange Fußmärsche gewöhnt waren, konnten nicht gut mitkommen. Immer, wenn die SS fürchtete, den Überblick zu verlieren, ließ sie uns anhalten, bis sich die Lücken wieder geschlossen hatten. Zu meinem Erstaunen hatte es ein paar Kinder im Lager gegeben. Sie wurden von den stärksten Häftlingen abwechselnd auf die Schultern genommen.

Einige Kilometer außerhalb der Stadt gab es einen großen Tumult. Drei oder vier Häftlinge hatten sich ins Unterholz geflüchtet. Die SS-Leute rannten mit ihren Hunden hinterher und schossen immerzu. Die Kolonne durfte nicht stehenbleiben, damit keiner auf die Idee kam, das Durcheinander auszunutzen und ebenfalls zu fliehen. Wir konnten nur den Geräuschen entnehmen, was geschah. Die Jagd war kurz, denn offenbar wurden die Flüchtenden schnell gefasst und erschossen. Nach diesem Fluchtversuch trieb die SS die Häftlinge, die nicht schnell laufen konnten, noch stärker an, damit sie den Anschluss nicht verloren. Sonst war die Kolonne nicht gut zu kontrollieren. Wer austreten musste, tat das für alle sichtbar am Wegesrand, während die anderen weiterzogen. So liefen wir mit kurzen Unterbrechungen bis zum Mittag. Erst dann durften wir uns an den Straßenrand setzen und von den Strapazen ausruhen. Es war klar, dass der Marsch viele überforderte. Manche würden nie in Łódź ankommen.

Von den Karren und aus der Feldküche wurden Brot und Kaffee ausgeteilt. Wir waren erst einen halben Tag unterwegs, fragten uns aber jetzt schon, wie viele Tage der Marsch dauern würde. Nach der Mittagspause ging es weiter. Es war sehr warm geworden und unsere Beine wollten nicht mehr so recht. Wer das Tempo nicht einhalten konnte, durfte sich an den Wegesrand setzen. Darunter waren viele, die Blasen an den Füßen hatten. Die Deutschen zeigten sich plötzlich freundlich und hilfsbereit und ließen die Nachzügler auf die Pferdekarren aufsteigen. Wir anderen liefen weiter, so gut wir konnten, bis wir kurz hinter Przytyk gegen Abend bei einem frisch gemähten Kornfeld Halt machten. Wir hatten ungefähr 30 Kilometer zurückgelegt. Nach einer Weile kamen auch die Panjewagen, die aber keine Passagiere mehr hatten. Uns wurde erst jetzt klar, was es mit der Hilfsbereitschaft der SS-Leute auf sich hatte.

Erschöpft saß ich da und starrte vor mich hin, als mir plötzlich der Sonnenuntergang auffiel. Die gleiche kupferrote Scheibe, die da unterging, schien auf die Bürger von Amsterdam, die bereits wieder in relativer Freiheit lebten. Wie ungerecht, dass ich noch immer den Barbaren ausgeliefert war.

Ein Todesmarsch

Als es dunkel wurde, schloss ich die Augen. Ich war so müde, dass ich kaum merkte, dass ich auf einem frisch gemähten Acker lag. Die Nacht war kalt. Wir krochen dicht aneinander und zogen die Decken über den Kopf. Das Gelände war umstellt, so dass niemand einen Fluchtversuch wagte. Die Hunde hätten uns schnell bemerkt. Und wo hätten wir denn Zuflucht finden sollen?

Bei Tagesanbruch wurden wir, wenn wir nicht längst wach waren, vom Gebell der Hunde und vom Geschrei der SS geweckt. Wir waren nach dieser Nacht unter freiem Himmel steif gefroren und kamen uns wie gerädert vor. Der Tau auf den Feldern setzte uns außerdem noch zu. In der Ferne hörte ich einen Zug, in dem ich gern gesessen hätte. Während die SS-Leute Brot und Kaffee erhielten, mussten wir zuschauen. Wir konnten froh sein, dass wir den Kaffee bekamen, der übrig blieb. Brot gab es nicht. Wer selbst keinen Proviant hatte, musste den zweiten Tag mit nüchternem Magen beginnen. Dieser Tag würde noch schwerer zu überstehen sein, denn nun rebellierten unsere Muskeln. Es dauerte viele schmerzhafte Stunden, bis sie sich etwas entspannten. Wir wussten alle, dass wir noch mehr als am Vortag aushalten mussten, wenn wir nicht in den Karren landen wollten. Diese Aussicht war für Dutzende Menschen, die ihre Kräfte schwinden sahen, eine unerträgliche Qual. Mit übermenschlicher Anstrengung versuchten sie hinkend und stolpernd über die Runden zu kommen und durchzuhalten. Manche SS-Leute schossen die Erschöpften eigenhändig nieder oder zwangen sie, auf die Karren zu steigen.[22]

Die Hitze des Tages machte uns ebenfalls zu schaffen. Da so viele Menschen über die kaum begehbaren Wege getrieben wurden, flog uns der Sand um die Ohren und setzte sich in unsere Sachen. Es gab kein Wasser, mit dem wir den Durst hätten löschen können. Die Bauern, die uns unterwegs begegneten, gaben uns nichts zu trinken. Mir klebte die Zunge am Gaumen. Bei jedem Schritt lechzte ich nach einem Schluck Wasser. Ich konnte an nichts anderes mehr denken. Ein Vorfall entging uns trotzdem nicht. Wir kamen an einer alten Bäuerin vorbei, die eine Ikone in der Hand hielt. Sie rief einem SS-Mann zu: »Hört in Jesus Namen mit dem Morden auf. Der Herr wird euch dafür strafen.« Er tat, als habe sie nicht ihn gemeint.

Auch an diesem Tag gab es Opfer. Die SS suchte nun gezielt nach den Schwachen und zwang sie, auf die Karren zu steigen. Die Menschen konnten sich kaum noch auf den Beinen halten, gaben schließlich auf und setzten sich freiwillig in die Wagen. Vor Hunger und Erschöpfung konnten sie nicht weiter. Manche waren auch völlig abwesend und funktionierten wie Automaten. Wir nahmen sie zwischen uns, damit sie es bis zur nächsten Rast schafften und sich etwas erholen konnten. Aber das half nicht viel. Die meisten mussten zurückbleiben, so dass ihr Los besiegelt war.

Wir wurden auch von einigen Regengüssen heimgesucht, denen wir schutzlos ausgesetzt waren. Klatschnass zogen wir weiter. Unterstellen durften wir uns nicht. Die Kleidung trocknete beim Laufen von selbst wieder.

Nach vier Tagen kamen wir in der Industriestadt Tomaszów-Mazowiezki an. Wir hatten 110 km zurückgelegt, eine unerhörte Leistung für all diejenigen, die es überstanden hatten. Bis Łódź sind wir nicht mehr gekommen. Ungefähr 300 Menschen, darunter ein paar Drucker, haben diesen entsetzlichen Marsch nicht überlebt. Unsere niederländische Vierergruppe war physisch und psychisch ungebrochen.

Am Rande von Tomaszów, auf einem verlassenen Gelände, wurden die Männer und die Frauen getrennt. Wir dachten, wir würden uns nie mehr wiedersehen. Die Männer wurden in eine Halle gepfercht, in der nicht alle Platz hatten. In der Mitte der Halle standen große Steinbecken. In panischer Angst sahen wir zu den Rohren auf, die über den Becken hingen. Wir dachten, man habe die Halle eilends in eine riesige Gaskammer umgerüstet.

Als sich alle Männer in der Halle befanden und die Türen geschlossen wurden, fühlten wir uns wie in der Falle. Da wir glaubten, das Gas werde jeden Moment kommen, brach Panik aus. Manche beteten, andere konnten ihre Bedürfnisse nicht unterdrücken. Der Gestank wurde bald unerträglich, und die Temperatur stieg rasch an, so dass wir fürchteten, auch ohne Gas umkommen zu müssen.

Dieser Zustand dauerte für mein Gefühl eine Ewigkeit. Aber ungefähr nach einer Viertelstunde zerschlug ein SS-Mann von außen ein paar Fensterscheiben im oberen Teil der Mauer, so dass etwas Luft hereinkam. Nun erst erkannten wir, dass wir uns in einer stillgelegten Fabrik befanden. Später hörten wir, dass man dort Kunstseide hergestellt hatte.

Als es dunkel wurde, legten wir uns zum Schlafen in die Steinbecken und um sie herum. Meine Gedanken waren längst nicht mehr bei dem schrecklichen Todesmarsch, den wir hinter uns hatten. Wir versuchten, möglichst weit an den Rand der Halle zu gelangen, denn in der Mitte verrichteten alle ihre Notdurft. Der Berg wurde immer größer. Wie soll ich den entsetzlichen Gestank beschreiben? Bald summten tausende Fliegen um uns herum. Der Riesenberg aus Exkrementen hatte sie von wer-weiß-woher angelockt. Wir versuchten sie zu verjagen, denn sie ließen sich auf unseren Gesichtern nieder und konnten Bakterien übertragen.

Als wir wieder etwas zur Ruhe gekommen waren, fragten wir uns, was für einen Zweck wir noch erfüllen konnten. In Radom hatten wir angenommen, wir könnten nach der Evakuierung wieder als Sklaven dienen. Nun stellte sich diese Frage erneut. Gab es in Tomaszów vielleicht Arbeit für uns? Da die Stadt nur 130 km Luftlinie von der Front entfernt lag, konnte die russische Armee in ein paar Tagen hier sein. Wozu brauchten uns die Nazis also noch? Uns armselige, dreckige, zerlumpte, ausgemergelte, verlauste, nach

Schweiß und Exkrementen stinkende, auf Holzpantinen dahin-
wankende Juden? Ecce homo! Was konnten wir ihnen noch nützen?
Waren wir nicht eher ein Klotz am Bein der Deutschen, den sie so
schnell wie möglich loswerden wollten? Fragen über Fragen, die
wir nicht beantworten konnten.

Nach einer Nacht ängstlichen Wachschlafs wurde ich am
nächsten Morgen mit hundert anderen hinausgelassen. Was für ein
Erlebnis, frische Luft atmen zu können. Wir bekamen Schaufeln in
die Hand gedrückt, mit denen wir am Rand des Fabrikgeländes
Schützengräben ausheben mussten. Man rechnete offenbar mit dem
Vormarsch der Roten Armee. Als wir abends in die Halle zurückkehrten, war der Berg Exkremente verschwunden. Nur der Gestank
war übrig geblieben. Im Nu begann der Berg wieder zu wachsen.
Am nächsten Morgen wurden wir alle auf eine Wiese zum Auslüften
geschickt. Es wurde ein »Scheißkommando« ernannt, das die Halle
gründlich reinigen musste.

Wir blieben sechs Tage in Tomaszów. Am Morgen des letzten
Tages kamen Güterwagen auf das Fabrikgelände gefahren. In jeden
der mit Stroh ausgelegten Waggons mussten ungefähr 50 Personen
einsteigen. Im Vergleich zum Westerbork-Transport, bei dem es kein
Stroh gab und viel mehr Leute in die Wagen gepfercht wurden, ging
das noch. Aber wir hatten weder eine Wassertonne noch eine leere
Tonne bekommen. Vielleicht handelte es sich nur um eine kurze
Reise. Die Frauen, die man vor sechs Tagen von uns getrennt hatte,
stiegen in andere Waggons ein.

An der offenen Wagentür saßen zwei SS-Leute. Wir sahen also
die Umgebung und konnten uns gut orientieren, denn die
polnischen Juden hatten die Landkarte im Kopf. Wir fuhren durch
Orte wie Pjotrkow und Częstochowa, den Geburtsort meiner
Schwiegermutter. Vor mehr als einem Jahr war ich hier auf dem
Weg ins unbekannte Sobibór auch schon vorbeigekommen.

Es mag merkwürdig klingen, aber wir haben uns während der
Fahrt an der Natur erfreut. An uns zogen Wälder, Flüsse und Berge
vorüber. Wir sahen auch Vögel durch die Luft schweben. Zum
ersten Mal zeigte uns das verhasste Polen ein freundliches Gesicht.
Wir waren ängstlich gespannt, ob der Zug nach Süden, also nach

Auschwitz, oder nach Westen, also in Richtung Breslau fahren würde. Als wir nach Süden abbogen, wurde aus der Spannung Verzweiflung, denn wir wussten nun, dass wir ins Vernichtungslager transportiert wurden.

Am folgenden Morgen – es war der 6. August 1944 – hielt der Zug auf dem Bahnhof der polnischen Kleinstadt Oświęcim, der man den deutschen Namen Auschwitz gegeben hatte. Den vielen Reisenden, vermutlich waren es Deutsche, die auf einen Zug warteten, war nicht anzumerken, ob sie darunter litten, dass der Name ihrer Stadt von vielen Menschen mit Abscheu und Schrecken ausgespochen wurde. Sie konnten und mussten wissen, dass sich ganz in der Nähe ein riesiger Barackenkomplex erhob. Dass jeden Tag volle Züge ankamen, die nach einer Weile leer wieder abfuhren. Dass das Gelände abends und nachts von hunderten Lampen beleuchtet wurde. Es ist ausgeschlossen, dass sie den Gestank nicht gerochen und den Rauch nicht gesehen haben, der aus den Schornsteinen von Birkenau emporstieg.

Die Aufseher sprangen auf den Bahnsteig, um aus einem Wasserhahn zu trinken. Dabei behielten sie uns scharf im Auge. Wir durften zuschauen, wie sie ihren Durst löschten. Wenn wir Blickkontakt zu Reisenden aufnahmen, wendeten sie sich schnell ab. Taten sie das, weil sie sich schämten oder weil sie sich ekelten?

Unser Zug stand eine halbe Stunde auf dem Bahnsteig. Ich sah, wie manche Reisende ihren Zug in letzter Minute erreichten. Ich sah riesige Schilder mit Losungen wie »Räder müssen rollen für den Sieg!«

Müde wie ich war, döste ich kurz ein und sah im Traum jemanden auf mich zukommen. Eine Art Engelsgestalt streckte die Hand aus und entführte mich in sichere Gefilde. Kurz darauf ist mir bewusst geworden, dass ich mich in Auschwitz befand. Wider besseren Wissens hoffte ich, dass wir hier nur Halt machten, um weiter gen Westen zu fahren, dass wir auf dem Weg zu einem anderen Ort ganz zufällig in Auschwitz hielten. Das wollte ich gern glauben. Ich wollte mir nicht eingestehen, dass wir hierher gebracht wurden, um vergast zu werden, obwohl wir alle genau wussten, dass Auschwitz ein Vernichtungslager war.

Ein Pfeifton erklang, und der Zug setzte sich in Bewegung. Zu meiner Erleichterung fuhren wir an Auschwitz vorbei. Wir verließen diesen verfluchten Ort des Schreckens. Aber ich hatte mich zu früh gefreut. Ein oder zwei Kilometer weiter hielt der Zug und begann langsam rückwärts zu fahren. Ich sah das Lager in der Ferne liegen. Wir fuhren in noch langsamerem Tempo unter einem großen Gebäude hindurch. Wieder einmal schloss sich ein Tor hinter mir. Ich war mir beinahe sicher, dass es das letzte Tor sein würde. Weshalb sollte man uns noch länger herumschleppen? Die möglicherweise unangemeldete Ankunft der Juden aus Radom würde den Tagesplan nicht gefährden.

Der Zug hielt an, wir sprangen aus den Waggons und mussten unter dem Geschrei der SS und der Kapos antreten. Die Frauen in den hinteren Waggons mussten auch aussteigen. Wir wurden einigen SS-Offizieren in makellosen Uniformen vorgeführt. In ihrer Nähe standen Kapos, die uns in ordentlichen Reihen ausrichteten, bevor die Offiziere uns inspizierten. Jeder Offizier übernahm eine Reihe und musterte uns von Kopf bis Fuß. Mit einer Handbewegung schickte er uns dann nach links oder rechts. Da ich nicht in der vordersten Reihe stand – das hatte ich mir im Lauf der Zeit abgewöhnt – hatte ich Gelegenheit festzustellen, dass ältere und schwächere Menschen nach rechts gehen mussten. Nach allem, was ich wusste, war das ein Todesurteil, das ohne Prozess über sie verhängt wurde.

Als der Offizier vor mir stand und mich musterte, stand ich so gerade wie möglich und atmete tief ein. Dadurch wirkte ich vielleicht untersetzter als ich war. Ich sah ihm frech in die Augen. Mit jeder Faser meines Körpers versuchte ich, auf die Seite der Lebenden zu kommen. Er bewegte die Hand nach links. Ich durfte also vorläufig am Leben bleiben. Die Klageschreie derjenigen, die auf die andere Seite geschickt worden waren, klingen mir immer noch in den Ohren. Sie wurden in offenen Lastwagen wie Vieh zur Schlachtbank geführt.

Nach der Selektion durften die Männer, die auf der »richtigen« Seite gelandet waren, zu den Waggons zurückkehren. Zum Glück hatten Leo und Joop es auch geschafft. Wir wussten nicht, ob man die Frauen nach dem gleichen Prinzip ausgewählt hatte. Sie stiegen nicht wieder in den Zug ein. Deswegen erfuhr ich nicht, was mit Celina, Eva und den anderen geschehen war.

Der Zug stand fast den ganzen Tag lang in Birkenau. In den Waggons war es kochend heiß. Wir sahen einen Wassertümpel in der Nähe und überredeten die SS-Leute, uns darin baden zu lassen. Was für eine danteske Situation, in dem dreckigen Tümpel zu planschen, während direkt neben uns eine perfekte Maschinerie rund um die Uhr tausende unschuldige Menschen ums Leben brachte! Wir sahen den Schornstein ununterbrochen rauchen. Vielleicht waren die Unglücklichen, die bis vor kurzem unsere Schwestern und Brüder gewesen waren, schon zu Asche geworden. Die Verbrecher, die sich das ausgedacht und es realisiert haben, werden dafür büßen, büßen und abermals büßen, bis ins vierte Geschlecht …

An unserem Waggon zogen hunderte spärlich bekleidete und kahl geschorene Frauen vorüber. Wir hörten, dass es sich um Ungarinnen handelte, die zu den Gaskammern gingen.

In der Dämmerung fuhr der Zug aus Birkenau ab. Für mein Gefühl verließen wir den Todesort viel zu langsam. Erst als die Lokomotive schneller fuhr, glaubte ich, dass ich der Vernichtung in Auschwitz entkommen war. Aber warum ich und die Radomer? Waren wir denn besser als die anderen? Wer hatte entschieden, dass sie und drei Niederländer verschont bleiben sollten?

Vaihingen an der Enz

Und wieder befand ich mich in einem Viehwaggon. Eine Tonne in der Ecke für unsere Notdurft war die einzige Ausstattung. Mit Gepäck brauchten wir uns nicht abzuschleppen, denn wir besaßen nichts als das, was wir auf dem Leibe trugen. Der Zug fuhr durch die Tschechoslowakei und Österreich nach Süddeutschland. Oft standen wir auf Abstellgleisen, weil andere Züge vor dem Transport von Juden Vorrang hatten. Manchmal gab es längere Aufenthalte auf Rangierbahnhöfen oder in der Nähe von Fabrikkomplexen. Wir vermuteten, dass unser Ziel noch nicht feststand. Als wir von weitem Steinbrüche sahen, befürchteten wir, der Zug würde dort anhalten. Wir wussten genau: Wenn wir dort arbeiten müssten, wäre es nicht für lange, denn einer so schweren Arbeit waren wir nicht mehr gewachsen. Der Hunger hatte uns körperlich sehr geschwächt. Aber wir gingen nicht mehr davon aus, dass man uns in ein Vernichtungslager bringen würde. Nach der Selektion in Auschwitz konnten wir das ausschließen, obwohl die Deutschen ihre Unberechenbarkeit oft genug unter Beweis gestellt hatten.

Mehrere Tage und Nächte fuhren wir in westliche Richtung dem Unbekannten entgegen. Dachau bei München, wo seit 1933 ein großes Konzentrationslager existierte, hatten wir bereits passiert; dort würden wir also nicht landen. Hinter Augsburg kam mir die Gegend aus unerklärlichen Gründen etwas vertrauter vor. Wir fuhren weiter westwärts, immer näher auf die Alliierten zu. Vorher hatten wir gehofft, die Rote Armee würde uns irgendwann befreien; jetzt richtete sich unsere Hoffnung auf die Westmächte. Mit jedem Kilometer kamen wir ihnen näher.

Schließlich hielt der Zug etwa 20 Kilometer nördlich von Stuttgart. Dort blieben wir mehrere Tage auf einem Verladebahnhof stehen. Auf dem Bahnhofsschild stand Bietigheim. Unweit der Gleise sahen wir große Fabriken mit rauchenden Schornsteinen. Hin und wieder durften wir kurz aussteigen und uns die Füße vertreten. Wir erfuhren, dass es in Bietigheim eine Entlausungsstation für die vielen ausländischen Arbeitskräfte gab, die – freiwillig oder gezwungen – in der Umgebung arbeiteten. Auch wir sollten dorthin gebracht werden. Als wir nach ein paar Tagen an der Reihe waren, beschlich mich der Gedanke, dass ich nun in eine deutsche Stadt kam, wo der überwiegende Teil der Bevölkerung die verbrecherischen Praktiken Hitlers befürwortete; zum Zeichen ihrer Treue und Verbundenheit ließen sie die Hakenkreuzfahne an ihren Häusern wehen. Ich war mir ziemlich sicher, dass das Risiko, Bombenangriffe zu erleben, hier erheblich größer war als in Polen, wo ich nie einen russischen Bomber gesehen hatte. Ich hoffte, dass wir in einer der Fabriken zur Arbeit eingesetzt würden, vielleicht in der großen Linoleumfabrik ganz in der Nähe. Möglicherweise würden wir ja zu Fremdarbeitern erklärt und wären damit den Judenstatus los.

Als wir in einem der Vororte das bewusste Gebäude betraten, mussten wir uns ausziehen und zu so vielen wie möglich gleichzeitig duschen. Unsere gestreiften Lumpen wurden in einen Ofen gestopft, um die Läuse zu töten. Da man es jedoch versäumte, uns die Haare zu schneiden, war alle Mühe vergebens. Trotzdem fühlte ich mich nach Tomaszów, Auschwitz und der langen Fahrt wenigstens ein bisschen frischer.

Wir wurden zum Zug zurückgebracht und erreichten nach einiger Zeit einen Bahnhof mit dem Schild »Vaihingen (Enz) Reichsbahnhof«. Hier mussten wir die Waggons endgültig verlassen und uns in Marschordnung aufstellen. Nach ungefähr einer Stunde waren wir, am 12. August 1944, am Ziel. Das mit einem doppelten Stacheldrahtzaun umgebene Lager mit den vier Wachtürmen war völlig neu und noch unbewohnt; wir waren die ersten, die es betraten.

Das Lager befand sich in einem kleinen Tal zwischen den Dörfern Kleinglattbach und Ensingen, nur wenige Kilometer von der Stadt Vaihingen an der Enz entfernt und für Neugierige unzugänglich. Einige der Baracken standen auf Terrassen am Hang. Eine schmale Straße trennte das Konzentrationslager von den Baracken des Kommandanten und der Wächter und den Unterkünften der Organisation Todt.[23] Arbeiter dieser Organisation hatten das Lager kurz zuvor erbaut. Es hatte eine Grundfläche von etwa 100 mal 250 Meter und umfasste vier Schlafbaracken, eine Krankenbaracke und eine Küche. In den Schlafbaracken für jeweils 500 bis 600 Personen standen drei Pritschen übereinander. In der Mitte des Lagers gab es eine Reihe Latrinen mit einem schrägen Holzdach auf relativ hohen Pfosten, so dass Regen und Wind freies Spiel hatten. Gleich daneben, ebenfalls im Freien, befand sich eine Rinne aus Zink mit einer Reihe von Wasserhähnen an beiden Seiten, der einzige Ort im Lager, wo wir uns waschen konnten. Die sanitären Einrichtungen waren primitiv, aber dennoch ein wenig besser als in Dorohucza und Lublin. Auf der Vaihinger Seite lag, ungefähr 20 Meter höher, in einem Wäldchen verborgen das Gleis einer Nebenbahn, über das in unregelmäßigen Abständen Güterwaggons fuhren. Dort wurde Material zu einem uns noch unbekannten Ziel transportiert.

Mein erster Eindruck war, dass das Lager nicht bedrohlich wirkte. Es gab einen grundlegenden Unterschied zu Lagern in Polen: Es existierte keine Gaskammer. Das Lager stand unter dem Kommando von Major Wilhelm Lautenschlager[24]. Das beruhigte uns ein wenig, weil wir annahmen, er als Wehrmachtsoffizier würde sich menschlicher zeigen als die SS-Kommandanten, die wir bisher kennen gelernt hatten. Aber was sollten wir davon halten, dass die SS-Leute aus Radom – Hecker, Möller, Sommer, Windgens, Pill, Pospischil und andere[25] – auch hier wieder auftauchten? Würden sie es sich bieten lassen, unter einem Mann zu dienen, der nicht zum Elitekorps der SS gehörte? Den SS-Obersturmführer Siegmann, der uns von Radom bis Auschwitz begleitet hatte, haben wir allerdings nicht mehr wiedergesehen.

Das Oberkommando über Vaihingen befand sich bis kurz vor Ankunft der alliierten Truppen im Elsaß in dem als Nacht- und Nebellager berüchtigten KZ Natzweiler. Vaihingen war ein Außenkommando von Natzweiler. Man hatte inzwischen begriffen, dass nur SS-Offiziere mit der Befehlsgewalt über SS-Leute betraut werden konnten. Deshalb wurde Lautenschlager kurz darauf zum

SS-Hauptsturmführer ernannt, und so war das Problem innerhalb der Leitung gelöst.

Leo, Joop und ich sorgten dafür, dass wir in eine Baracke im höher gelegenen Teil des Lagers kamen, damit wir bei Regenwetter weniger unter dem Schlamm zu leiden hätten. Wir organisierten uns wieder einen Schlafplatz auf den obersten Pritschen. Eine reibungslos funktionierende jüdische Lagerorganisation wie in Radom gab es in den ersten Tagen noch nicht. Deshalb fehlten interne Machtstrukturen, die in einem Lager unbedingt nötig waren, und es kam zu Auseinandersetzungen und lauten Streitigkeiten zwischen den Häftlingen untereinander und mit denjenigen, die früher zum jüdischen Ordnungsdienst oder zu den späteren Kapos gehört hatten. Die Männer aus Radom waren, von Ausnahmen abgesehen, im Allgemeinen keine schlechten Kerle. Selbstverständlich sorgten sie zuerst für sich, aber auch für die anderen hatten sie damals ihr Möglichstes getan. Ich denke dabei an den ersten Tag in Szkolna, als sie alles daransetzten, möglichst viele Menschen vor dem sicheren Tod zu retten. Soweit ich mich an ihre Namen erinnern kann, nenne ich sie mit einigem Respekt: Kirchenzweig, Miller, Rappaport und Rosenzweig.

Man merkte, dass wir doch ziemlich unerwartet nach Vaihingen gekommen waren. Offenbar hatte man noch nicht mit uns gerechnet. Am ersten Tag gab es kein Brot und die Suppe bestand nur aus Wasser. Aber es war ein beruhigendes Gefühl, weit weg von Polen zu sein. Dafür nahm ich die unregelmäßigen, kleinen Rationen gern in Kauf. Ich hatte das unerklärliche Gefühl, der Bevölkerung hier etwas näher zu stehen als in Polen, obwohl ich mit ihr gar nicht in Kontakt kam und der Antisemitismus mindestens ebenso groß war. Kaum einer der Vaihinger Bürger wusste, dass im Tal gleich vor der Stadt polnische Juden zusammengepfercht hockten. Die Stadtverwaltung hatte durchschimmern lassen, es handle sich um Verbrecher, die schwer bewacht und hart angefasst werden müssten. Ein paar Tage vor unserer Ankunft erschien in einem Vaihinger Lokalblatt folgende Meldung: »Denkt an die Männer und Frauen, die viele Monate lang an der V1 arbeiteten und darüber schweigen mussten! Und die geschwiegen haben – obwohl man mit allen Mitteln versucht hat, sie auszuhorchen. Wir wollen sie uns zum Beispiel nehmen und jetzt alle so schweigen wie sie! Gerade jetzt!«

Einige Tage nach unserer Ankunft im Lager sahen wir Friedman aus Radom wieder. Er trug eine Armbinde mit der Aufschrift Lagerältester. Als Vertreter der Häftlinge musste er gegenüber der SS Rechenschaft ablegen und dafür sorgen, dass ihre Befehle ausgeführt wurden. Auch der Lagerschreiber übte seine Funktion wieder aus. Seine erste Aufgabe war es, uns nach Nummer, Name, Alter und Beruf zu registrieren. Als das geschehen war, sahen wir, wie groß die Verluste waren. Von den Männern, die in Radom aufgebrochen waren, hatte ein Großteil den Todesmarsch nicht überlebt oder war nach der Selektion in Auschwitz ermordet worden.

Ich meldete mich als qualifizierter Drucker, denn dieser Beruf hatte mir vor über einem Jahr das Leben gerettet. Ich wollte der Buchdruckerkunst dienen, solange es mir nur möglich wäre. Aber ich war mir ziemlich sicher, dass in diesem Lager kein Interesse an jüdischen Typografen bestand. Nach ein paar Tagen stellte sich heraus, dass die Angaben nur statistischen Zwecken dienten, denn ob Buchhalter, Zimmermann, Gerber oder Monteur, sie alle wurden in einen Topf geworfen und zu einer einzigen Gruppe zusammengefasst, die unter Bewachung zu einem noch unbekannten Ort gebracht wurde. Wir waren gespannt, wo das sein würde und welche Arbeit wir verrichten müssten.

Vom Lager aus kamen wir an einem Bach vorbei und gingen über einen steil ansteigenden Weg zu einer Holztreppe mit mehr als zwanzig Stufen, die bei einem Pfad oberhalb des Arbeitsgleises endete. Von dort oben sah ich eine endlose Ebene vor mir, in der in der Ferne hier und da verstreute Baracken, in denen, wie sich später herausstellte, Eisenstangen, Zementsäcke, gezimmerte Bauelemente, Balken und zahlreiche andere Baumaterialien lagerten. Die Baracken waren durch ein Schienennetz miteinander verbunden, so dass die Waggons bis an die Lagerplätze gefahren werden konnten. Ich wurde zu einer Kolonne eingeteilt, die vorgefertigte Holzsparren von gigantischen Abmessungen abladen musste. Der Aufseher war ein Mann in brauner Uniform mit den Buchstaben OT auf dem Ärmel, die Abkürzung für Organisation Todt. Die meisten der ungefähr 2.000 Menschen, die in Vaihingen arbeiteten, waren deutsche Arbeiter und Personen, die es über den ausländischen Arbeitseinsatz dorthin verschlagen hatte. Das Gelände wurde von SS-Leuten bewacht, die auch darauf achteten, dass sich niemand der Arbeit entzog, dass nicht zu langsam gearbeitet wurde und dass alles mit deutscher Gründlichkeit vonstatten ging.

Ich hatte noch immer keine Ahnung, wozu das ganze Material benötigt wurde. Nach den gewaltigen Vorräten zu urteilen, musste es ein riesiges Projekt sein. Aber ich konnte nichts entdecken, das an ein Gebäude erinnerte. In der Ferne sah ich allerdings die Spitzen von Hebekränen über den Erdboden ragen. Obwohl ich beobachtete, dass mit Baumaterial beladene Züge und Lkws in diese Richtung fuhren, blieb das Ziel verborgen.

Gegen Mittag ertönte ein Pfiff, und unsere Arbeitskommandos wie auch die anderen Arbeiter sammelten sich an einem Platz zum Essen. Aber die Wagen, die die Suppenkessel für die Häftlinge bringen sollten, kamen nicht. Als nach einer halben Stunde zum zweiten Mal ein Pfiff ertönte und alle wieder an die Arbeit gingen, mussten auch wir weitermachen. Mit Bauchschmerzen wegen unseres leeren Magens entluden wir die Waggons. Kurz vor Ende der Arbeitszeit erschienen die Autos mit dem Essen. Wir bekamen die Erlaubnis, die Arbeit kurz einzustellen, um die wässrige Suppe zu schlürfen. Im selben Moment, als ein Pfiff das Ende der Arbeitszeit ankündigte, erschien ein Zug mit Zementsäcken. Die meisten Arbeiter waren schon im Begriff zu gehen. Von uns aber verlangte man, nach einem äußerst anstrengenden Tag auch noch den Zement abzuladen. Dass man gerade den Menschen, die am stärksten erschöpft waren, die allerschwerste Arbeit zuwies, konnte kein Zufall sein. Die Wächter, die uns den ganzen Tag im Auge behalten hatten und – auf ihre Art – müde waren, wollten ebenfalls schnell in ihre Baracken zurück. Mit Gebrüll und Gewehrkolben trieben sie uns zu großer Eile an. So schnell wir konnten, luden wir die Waggons aus. Jeder Sack Zement wog 50 Kilo, ein Gewicht, das die meisten Menschen schon unter normalen Umständen nicht schleppen können; doch offenbar kann der Mensch immer noch mehr Reserven mobilisieren, als er glaubt.

Zurück in der Baracke wusste ich immer noch nicht, was man in Vaihingen mit Baumaterial in derartigen Mengen eigentlich anfing. Es musste etwas Gigantisches sein, sonst wäre kein Konzentrationslager mit fast 2.000 Mann nötig gewesen.

Das Geheimnis wurde am darauffolgenden Sonntag gelüftet. Auch an diesem Tag wurden wir zur Arbeit dirigiert. An den Vorratsbaracken vorbei gingen wir weiter in die Richtung, in die wir die Lkws fahren sahen. Sie fuhren über eine befestigte Straße, die in einen schmalen Ring von einigen Kilometern Länge mündete, der einen stillgelegten, ovalen Steinbruch umgab. Sein Durchmesser betrug in Längsrichtung mehr als 1.000 Meter, und seine Tiefe konnten wir kaum schätzen, vielleicht 40 Meter. Die Abmessungen waren gigantisch.[26]

Als ich an den Rand der Baugrube kam, sah ich, dass in der Tiefe eifrig gearbeitet wurde. Die Menschen wirkten klein wie Puppen. Es gab schon ein Betonfundament, und nun war man dabei, Zement in Verschalungen zu gießen. Die so entstandenen Pfeiler sollten eine riesige Fabrik tragen, die vollkommen unter der Erdoberfläche liegen sollte, den Blicken amerikanischer und britischer Flieger entzogen. In hektischem Tempo wurden Kipploren hin und her geschoben. Nach unten gelangte man über eine der zahlreichen Holztreppen. Wir gaben dieser Baugrube die Bezeichnung: das große Arschloch. Manchmal redeten wir auch von der Schokoladenfabrik, weil einige SS-Leute uns des öfteren zuriefen: »Arbeit macht das Leben süß«.

Wir erhielten den Befehl, unweit der Grube Waggons mit Kies in Lkws umzuladen, die dann zu Betonmischern auf der anderen Seite fuhren. Als wir in den Waggon kletterten, stoppte der erste Lkw neben uns. In diesem Augenblick begann einer der Scharführer ohne augenscheinlichen Anlass – wahrscheinlich sogar ohne jeden Grund – erbarmungslos auf ein paar von uns einzuschlagen. Ich glaubte, in diesem Moment aus dem Lkw ein paar niederländische Flüche zu hören. Vielleicht war der Fahrer zum ersten Mal mit jüdischen Häftlingen in Häftlingskleidern konfrontiert, die verprügelt wurden. Ich sah, wie er die Misshandlungen aus seinem Führerhaus wütend und empört beobachtete.

Als wir nach diesem Zwischenfall das Auto vollschaufelten, sorgten Leo und ich dafür, dass wir in die Nähe des Mannes hinterm Steuer gelangten, denn wir wollten herausfinden, ob er wirklich ein Niederländer war. Wir taten so, als ob wir uns stritten, fluchten, was das Zeug hielt, und warfen uns in deutlich verstehbarem Niederländisch alle möglichen Grobheiten an den Kopf. Das verfehlte seine Wirkung nicht, denn der Fahrer steckte den Kopf aus dem Fenster und rief: »Höre ich da etwa Amsterdamer?« Wir gaben ihm zu verstehen, dass er kein Aufhebens machen dürfe, wenn er mit uns reden wolle, weil uns jeder Kontakt zu Außenstehenden verboten sei. »Blick zur anderen Seite und sprich weiter, damit die Aufseher keinen Verdacht schöpfen.«

Wir erzählten ihm mit wenigen Worten, wie wir hierhergekommen waren. Wir machten kein Geheimnis daraus, dass wir entsetzlichen Hunger hatten. Konnte er uns etwas zu essen besorgen? Er versprach, sein Möglichstes zu tun. Als er am späten Vormittag zurückkehrte, lagen im Laderaum hinter dem Führerhaus eine Tüte Brotkrusten und ein paar Äpfel. »An diesen Platz lege ich es jetzt immer, wenn ich hierherkomme. In dem Lager, wo ich untergebracht bin, gibt es noch ein paar Fahrer aus den Niederlanden. Ich werde dafür sorgen, dass sie Brot einsammeln.«

Er hielt Wort, denn er brachte jedesmal etwas für uns mit. Das ging mehrere Wochen so. Er erzählte uns, dass er sich beim NSKK gemeldet habe, dem Nationalsozialistischen Kraftfahrer-Korps, aber dass er kein Nazi-Sympathisant sei. Er mache diese Arbeit, sagte er, um ein Auskommen zu haben. Ob das der eigentliche Grund war, soll dahingestellt bleiben. Er hat uns einige Wochen gut unterstützt; das war wichtiger, als zu wissen, weshalb er für die Nazis arbeitete. Als wir ihn fragten, was hier gebaut werde, sagte er, er wisse es auch nicht so genau, aber er habe gehört, es solle eine Flugzeugfabrik werden. »Aber was es auch werden soll, es wird nicht fertig, denn vorher stehen die Amerikaner vor der Tür.«

Die Arbeit war schwer; vor allem das Wuchten der Zementsäcke machte einen völlig fertig. Nach zehn Säcken konnte ich kaum noch auf den Beinen stehen. Aber man musste weitermachen. Es war unbegreiflich, dass ich das durchhielt mit so wenig Essen und so schlechtem Schuhwerk. Wenn ein Sack aufriss, stob einem der Zementstaub in Gesicht und Kleidung. Nur unter größten Anstrengungen konnte man ihn später wieder entfernen. Bis dahin sah man wie ein Bäcker aus, der mit Mehl gearbeitet hatte. Der Zement kam, wie auf den Säcken stand, aus Lauffen am Neckar. Manchmal träumte ich, dass Lauffen nicht weit von der Schweiz läge und ich mich in einem der Waggons verstecken würde, um anschließend zu Fuß über die Grenze zu gehen. Aber ich war mir nicht sicher, ob es wirklich so nah bei der Freiheit lag, und so ist es bei den Wunschträumen geblieben. Hinterher sah ich dann, dass Lauffen eher nördlich liegt, zwischen Vaihingen und Heidelberg.

Kies zu schaufeln war ebenfalls eine Arbeit, die meine Kräfte überstieg, aber immer noch besser, als Zementsäcke zu schleppen oder unten in der Tiefe arbeiten zu müssen. Denn um dorthin zu gelangen, musste man die langen Leitern hinabsteigen. Wenn jemand seine Brille verlor oder ausrutschte, war er verloren.

Durch das Brot, das uns der Niederländer zusteckte, waren wir gegenüber den anderen privilegiert. Als unser Fahrer nach einer Weile nicht mehr erschien, kamen wir durch Zufall mit zwei Belgiern in Kontakt, die an dem Projekt arbeiteten. Sie versprachen uns, die Versorgung mit Brot fortzusetzen. Ich notierte ihre Adressen an einem geheimen Platz, den ich in meinem Taschenspiegel entdeckt hatte, zwischen Chels Foto und dem Spiegel selbst, um sie später, falls es mir vergönnt war, zu besuchen und mich bei ihnen zu bedanken.

Ich hatte mich so an das Leben im Lager gewöhnt, dass das miserable und unzureichende Essen, das Schlafen in schmutzigen Baracken, das Tragen von Lumpen, die Läuse und das Fehlen jeglicher Hygiene zu den Dingen gehörten, die man allmählich als normal betrachtete. Leo dagegen hatte große Mühe, sich anzupassen, er war sehr introvertiert, ein Grübler und Träumer. Er war nicht der Mann, der auf die Fragen des Tages immer eine Antwort parat hatte oder geistesgegenwärtig auf die Ereignisse um sich herum reagieren konnte.

Wenn wir Kies oder Sand schaufeln mussten, versuchte ich, mich dabei nicht mehr als nötig anzustrengen. Ich hielt mir immer ein

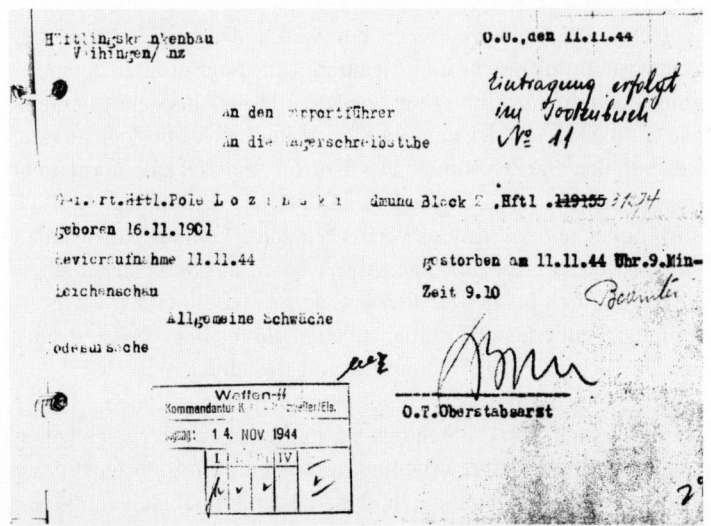

Einer der unzähligen Todeszettel aus Vaihingen: Todesursache »allgemeine
Schwäche«

Ziel vor Augen: so gut es ging, mit meinen Kräften hauszuhalten.
Wenn die Umstände es erlaubten, ruhte ich mich mit dem Fuß auf
der Schaufel aus und sah wachsam um mich. Sobald mich ein Auf-
seher ins Visier nahm oder wenn ich auch nur das Gefühl hatte, dass
er sich nach mir umdrehte, legte ich großen Arbeitseifer an den Tag.
Leo konnte ich diese Einsicht nie nahebringen. Oft war er mit seinen
Gedanken ganz woanders, und so geriet er häufiger als ich in
Schwierigkeiten. Wenn er geschlagen wurde, zeigte er mit seinen
Blicken, dass er den Mann, der ihn schlug, tief verachtete. Manch-
mal versuchte er vergeblich, mit einem SS-Mann zu diskutieren.
Eine Haltung, die ich bewunderte, mit der er aber nichts erreichte.
Außerdem war es gefährlich, einen SS-Mann zu brüskieren. Meine
Einstellung war, so viel wie möglich hinzunehmen, um auch noch
die letzte Phase des Krieges zu überstehen. Wir schöpften Hoffnung
aus dem Wissen, dass die Alliierten mit Erfolg an den Stränden der
Normandie gelandet und inzwischen bis vor Paris vorgedrungen
waren. Wir waren gespannt, wie lange sie noch brauchen würden,
bis sie deutsches Territorium erreichten. Wenn sie erst einmal in

Südwestdeutschland den Rhein überschreiten würden, wären sie auch nicht mehr weit von Vaihingen entfernt.

Inzwischen war es kälter geworden, und die Arbeit im Freien wurde noch unerträglicher, als sie es schon bei normalen Witterungsverhältnissen war. Ich versuchte mich gegen die Kälte zu wappnen, indem ich leere Zementsäcke aufschnitt und unter meiner Jacke trug, so wie ich das in Szkolna mit einer Decke gemacht hatte. Aus einem der Säcke machte ich mir eine große Zipfelmütze, die meinen kahlgeschorenen Kopf vor Regen und Schnee schützte. Mit Fetzen aus einem Zementsack drehte ich mir aus Machorka – wer weiß, wie dieser polnische Ersatztabak ins Lager gekommen war – Zigaretten, die eigentlich zu ekelhaft waren, um sie zu rauchen. Aber wie die meisten anderen konnte ich es nicht lassen, weil das Rauchen einer Zigarette etwas war, über das man selbst bestimmen konnte.

Ein deutscher Polier mit schwer verständlichem schwäbischem Dialekt, der bislang kaum ein Wort mit mir gewechselt hatte, wählte mich – warum, weiß ich nicht – für eine leichtere Arbeit aus. Er drückte mir Papier und Bleistift in die Hand, und ich musste jedesmal, wenn Sand oder Kies entladen wurde, die Nummer des Waggons notieren und eine Strichliste für die Zahl der Säcke machen, die die Häftlinge aus den Waggons schleppten. Er zimmerte sogar einen provisorischen Unterstand für mich, so dass ich einigermaßen vor Regen und Wind geschützt war. Manchmal musste ich die Zahl der Lkws mit Kies oder Sand notieren, deren Ladung von einem Hebekran umgeladen wurde. Er erlaubte mir sogar, in der Kabine beim Kranführer zu sitzen. Sicher und warm geborgen brachte ich die Zahlen zu Papier.

Im Oktober flogen immer mehr Flugzeuge über uns hinweg; fast täglich mussten wir die Arbeit wegen Fliegeralarms unterbrechen. Die Stunden, in denen noch gearbeitet werden konnte, wurden mit jedem Tag weniger. Bei Luftalarm mussten wir auf der Baustelle zurückbleiben und sahen dort manchmal hunderte von Flugzeugen. Für uns waren das fantastische und hoffnungsvolle Momente. Wir konnten nicht feststellen, ob die Bomber von deutschen Jagdflugzeugen angegriffen wurden. Ab und zu hörten wir in der Ferne Bomben einschlagen und Flakgeschütze knattern.

Die Grube des Messerschmitt-Werkes in Vaihingen, Codename »Stoffel«

Anfang November 1944 war allen klar, dass das Lager nicht mehr lange existieren würde. Die weiteren Vorstöße der Alliierten ließen die Deutschen langsam begreifen, dass es sinnlos war, die Arbeit in der Baugrube fortzusetzen. Die OT, die deutschen und ausländischen Arbeitskräfte konnten wahrscheinlich besser an anderer Stelle eingesetzt werden. Das aber konnte bedeuten, dass auch unsere Position auf dem Spiel stand, weil wir vielleicht nicht mehr gebraucht würden. Wieder wurden wir nervös, weil die kleine Sicherheit, an die wir uns geklammert hatten, einer großen Unsicherheit wich. Unsere Fantasie machte sich wieder selbständig. Was stand uns jetzt wohl bevor?

Kurz darauf kam die Arbeit schließlich zum Erliegen. Einige Abschnitte des Bauwerks waren bereits bis auf einige Meter unterhalb des Bodenniveaus vollendet. Es war fast unvorstellbar, dass man das in ungefähr zweieinhalb Monaten geschafft hatte.

Im Lager stand eine Baracke, in die jeden Tag neu erkrankte Häftlinge getragen wurden, manche mit Hungerödem, andere mit Flecktyphus. Weil es keine Medikamente gab und die Ernährung unzureichend war, lagen die in kurzer Zeit zum Skelett abmagernden Männer apathisch in ihren eigenen Ausscheidungen und warteten auf den Tod. Ein halber Liter Wassersuppe und ein kleines

Stück Brot war alles, was sie bekamen, nicht weniger, aber auch nicht mehr als die anderen.

Inzwischen waren Gerüchte aufgekommen, dass Vaihingen ein Krankenlager werden sollte. Wenn das stimmte und dort alles beim Alten blieb, konnte das lediglich eine Namensänderung bedeuten, die nur die Außenwelt beeindrucken sollte. Aber abgesehen davon, wo sollten die Kranken überhaupt untergebracht werden? Das Lager war voll, auch wenn kurz zuvor hunderte von Männern mit unbekanntem Bestimmungsort abtransportiert worden waren. Wie wir später hörten, mussten sie in Hessental bei Schwäbisch Hall, etwa 60 Kilometer nordöstlich von Vaihingen, auf einem bombardierten Flugplatz Trümmer beseitigen. Die Männer, die in Vaihingen zurückblieben, wurden in den untersten Baracken zusammengelegt, so dass die oberen Baracken leer standen.

Der Blockälteste berichtete uns schließlich selbst, dass das Konzentrationslager Vaihingen in ein Erholungslager umgewandelt werden solle, wo keiner mehr zu arbeiten brauche und jeder wieder zu Kräften kommen könne. Wir begriffen gar nichts mehr. Wie sollte das möglich sein ohne eine angemessene medizinische Versorgung? Um unsere Gesundheit hatten sich die Deutschen nie gekümmert. Es gab ein kleines Zimmer, die so genannte Krankenstube, wo zu bestimmten Zeiten ein Arzt hinter einem leeren Holztisch saß und fragte, was einem fehle. Mehr als ein paar Rollen Verbandmaterial aus Papier, die er der SS mit Mühe abgeschwatzt hatte, standen ihm nicht zur Verfügung. Kranke konnte er nicht heilen, weil ihm jegliche Mittel dazu fehlten. Aus Radom hatte Doktor Bojm nur sein altmodisches Holzstethoskop retten können.

Nun hatte sich also jemand ausgedacht, dass Vaihingen eine Art Sanatorium werden sollte. Jetzt, wo das Ende des Krieges absehbar war, wollten die Nazis der Außenwelt demonstrieren, dass kranke Häftlinge in ihren Konzentrationslagern anständig versorgt wurden. Sie wollten noch vor der Befreiung den Siegern ein menschliches Gesicht zeigen.

Als ich Anfang November 1944 an einem kühlen, regnerischen Morgen mit noch hunderten anderer zur Arbeit auf der Baustelle

Stoffel ging – der deutsche Codename für die unterirdische Fabrik
–, sahen wir auf einem Nebengleis bewachte Güterwagen. Es war
der erste Krankentransport. Die Häftlinge kamen aus verschiedenen
Lagern im süddeutschen Raum, die wie Vaihingen unter dem Kommando des Nacht- und Nebellagers Natzweiler standen. Abends im
Lager hörten wir, dass die meisten dieser Männer schwer erschöpft
und stark unterernährt waren. Diejenigen, die den Transport nicht
überlebt hatten, wurden noch am selben Tag in einer großen Grube
gleich vor dem Lager begraben. Es hieß auch, dass sie verschiedener
Nationalität und keine Juden seien. Das bedeutete, dass das SS-
Arbeitslager Vaihingen nicht länger als ein Lager ausschließlich für
Juden angesehen werden konnte, was, so meinten wir, unsere Über-
lebenschancen verbesserte. Wir gingen zu den weiter oben
gelegenen Baracken, um herauszufinden, ob auch Niederländer
unter den Insassen waren. Als wir die erste Baracke betraten, schlug
uns ein entsetzlicher Gestank entgegen. Es roch nach Leichen, Eiter,
Urin und Exkrementen. Neben mehreren Toten sahen wir ausgemergelte Körper, manchmal drei unter einer Decke. Es war, als ob
wir nach Lublin zurückgekehrt wären. Der Blockälteste wies uns
einen Raum, wo angeblich Niederländer lagen. Als wir die Tür
öffneten, hielten wir den Atem an. Wir fragten in unserer Mutter-
sprache, ob es hier Landsleute gebe. Nachdem wir schwache Ja-
Rufe gehört hatten, bahnten wir uns einen Weg zu dem Platz, von
wo die Laute gekommen waren.

Es war schwierig festzustellen, wer genau die Niederländer
waren. Ein Mann mit einem Bart begann kaum hörbar zu reden. Er
stellte sich als Bas Backer vor, ehemaliger Vizekonsul der Niederlande in Paris. Er sah so ausgehungert und verwahrlost aus, dass
er zu den Patienten gerechnet werden musste, die keine Überlebenschance mehr hatten. Ehe wir es uns versahen, kam der Blockälteste auf uns zu und gab uns den Auftrag, die Leichen hinauszutragen. Das war nun das letzte, was wir wollten. Blitzschnell
verschwanden wir und sorgten dafür, dass wir vorläufig nicht in
seine Nähe kamen.

Es stellte sich heraus, dass die SS tatsächlich plante, ein
Erholungslager für Nichtjuden einzurichten. Um Platz zu machen,

mussten möglichst viele Juden aus Vaihingen verschwinden. Nur diejenigen, die eine Funktion im Lager hatten, durften bleiben. Anfang November war bereits eine Gruppe von Arbeitern zusammengestellt worden, die in Unterriexingen ein neues Lager bauen mussten, weil der ungefähr sechs Kilometer entfernte Flugplatz von Großsachsenheim dringend Arbeitskräfte brauchte. Die dafür benötigten Männer sollten aus Vaihingen kommen.

Ein paar Tage später wurden beim Appell die Nummern von hunderten von Juden aufgerufen, die noch am selben Tag mit unbekanntem Ziel – man flüsterte, nach Leonberg und Schwäbisch Hall – auf Transport gingen. Leo, Joop und ich waren ein paar Tage später an der Reihe, zusammen mit ungefähr 500 anderen. Wir wussten nicht, wohin es gehen sollte, vermuteten aber, nach Unterriexingen.

Bevor wir das Lager verließen, mussten wir in ein kurz zuvor errichtetes Häuschen direkt vor dem Lager, um dort zu duschen. Diese Einrichtung sollte wohl dem Erholungslager einen besonderen Anstrich geben. Während wir duschten, wurden in einem anderen Raum unsere gestreiften Häftlingskleider, die monatelang nicht gewaschen worden waren, desinfiziert. Vielleicht war es Einbildung, aber ich hatte das Gefühl, dass meine Sachen anschließend noch verlauster waren als vorher.

In Lkws des NSKK wurden wir bis vor das Dörfchen Unterriexingen gebracht. Es lag fünfzehn Kilometer von Vaihingen entfernt, an der Straße nach Großsachsenheim, etwa 30 Kilometer nordwestlich von Stuttgart.

Unterriexingen

Von der Straße führte ein schmaler Pfad steil bergan zu einem kleinen, mit Stacheldraht umzäunten Konzentrationslager. Es hatte eine Grundfläche von ungefähr 7.000 Quadratmetern. Auf dem Gelände standen zwei Baracken, von denen eine noch nicht fertig war; ein kleiner Holzschuppen außerhalb der Umzäunung diente als Küche. Wasser musste mit Tankwagen aus Vaihingen herangeschafft werden.

Am Fuße eines der beiden Wachtürme war eine Latrine, ein kleiner Holzverschlag, an der Vorderseite offen und mit Wellblech abgedeckt. Die Latrine selbst war nicht mehr als eine Grube mit einem Balken darüber, auf dem höchstens vier Personen Platz fanden. Es war die einzige Latrine im ganzen Lager – für 500 Häftlinge.

Es gab also kein fließendes Wasser. Wie schon in Dorohucza hielten die Nazis diese elementare Ausstattung für überflüssig. Man konnte sich nicht einmal notdürftig waschen. Weil jegliche Form von sanitären Anlagen fehlte, war das Lager eine Brutstätte für viele Krankheiten. Der Kommandant, SS-Hauptscharführer Bruno Fedrowitz, war zusammen mit einigen seiner Kumpane aus Radom mitgekommen.

Als ich aus dem Lkw sprang, sank ich sofort in dickem Schlamm ein. Außerhalb der Umzäunung war ein kleiner Appellplatz. Auf der einen Seite lag ein aus Brettern gezimmertes, niedriges Podest. Dort hatte sich der Kommandant bereits in einer Pose aufgebaut, als sei er Befehlshaber einer Armee. Mit seinen blank gewienerten Stiefeln wartete er dort, bis ein paar Kapos uns dazu gebracht hatten, ordentlich in Reih und Glied anzutreten. Wir waren voller Schlammspritzer. Nachdem wir gezählt worden waren und der Kommandant uns eine Weile gemustert hatte, befahl er im Stakkato:

Der Steinbruch bei Großsachsenheim 1955

Wegtreten! Ein Kapo musste ihm die Stiefel ausziehen und durch andere ersetzen.

Auf meinen Holzpantinen stürzte ich in die Baracke, um eine der oberen Pritschen zu ergattern, damit ich wenigstens von den Läusen meines Pritschennachbarn verschont blieb. Ich suchte mir außerdem einen Platz dicht beim Ofen, aber weil es weder Torf noch Holz gab, nützte das nichts. Als Leo und ich zwei Pritschen nebeneinander organisiert hatten, blieb er wie ein Wachhund dort sitzen, während ich zur Latrine rannte.

In den Lagern musste man oft auf die Latrine, sobald man eine Schnitte Brot gegessen und die dünne Suppe getrunken hatte. Wir blieben so lange wie möglich dort, weil die Wächter diesen Ort weitgehend mieden. Sie hüteten sich davor, mit Fäkalien in Berührung zu kommen. Schon ein Stück vor der Grube war der Boden mit Kot bedeckt. Manche der Häftlinge hatten es nicht mehr bis zum Balken geschafft. Ich hatte die Latrine noch gar nicht erreicht, da blieb ich mit meinen Holzpantinen schon in der Scheiße stecken. Aber diese Schuhe waren unentbehrlich, und so nahm ich sie trotzdem mit. Ich musste warten, bis ein Platz frei wurde. Es klatschte und spritzte in die Grube wegen der Ruhr, einer Krankheit, an die man sich schon gewöhnt hatte und mit der man weitermachte, bis es überhaupt nicht mehr ging. Was blieb einem auch anderes übrig?

Papier zum Abputzen gab es nicht. Wie alle anderen benutzte ich zu diesem Zweck den linken Mittelfinger. Um ihn so selten wie möglich bei anderen Gelegenheiten zu gebrauchen, versuchte ich alles mit der rechten Hand zu machen. Die bloßen Füße voller Kot, die Holzpantinen in der Hand, kehrte ich in die Baracke zu Leo zurück. Wer kann sich so eine Situation vorstellen? Von diesem Augenblick an wusste ich, dass Unterriexingen ein Todeslager war.

Das Essen kam anfangs aus Vaihingen mit Leiterwagen, die von Häftlingen mühsam vorangeschleppt wurden. In den ersten Tagen mussten wir stundenlang auf das Essen warten, bis der Blockälteste spätabends begann, einen halben Liter wässriger Suppe auszuteilen. Wie die Verrückten schrien wir auf ihn ein, er solle nicht von oben, sondern mehr von unten aus dem Kessel schöpfen, wo die Suppe sämiger war. Er ließ sich jedoch nicht beirren.

Am nächsten Morgen wurden wir um halb sechs von unserem Blockältesten geweckt und konnten unsere Rationen versauertes Brot mit einem bisschen Kaffeewasser in Empfang nehmen. Der anschließende Appell war kurz. Die Lagerleitung wollte keine Zeit verlieren, weil wir außerhalb des Lagers arbeiten sollten. Von rumänischen SS-Leuten bewacht verließen wir Unterriexingen im strömenden Regen und schlugen den Weg zum Dorf ein. Schon nach 500 Metern gingen wir an den Häusern und Bauernhöfen entlang. Beim Anblick der merkwürdigen Kolonne von Häftlingen in gestreiften Anzügen schüttelten manche Dorfbewohner den Kopf. Was mögen sie wohl von uns gedacht haben? Dass wir Schwerverbrecher waren, die Zwangsarbeit leisteten, oder vielleicht Juden, die sie vermutlich zum erstenmal im Leben sahen? Letzteres war am wahrscheinlichsten. Wir waren stark unterernährt und sahen in unseren Lumpen absonderlich und verwahrlost aus; außerdem waren wir unrasiert. Woher sollten sie auch wissen, dass wir monatelang kein Rasiermesser gesehen hatten? Vielleicht glichen wir ja den Juden, die Woche für Woche im *Stürmer* abgebildet waren, dem Hetzblatt der Nazis, nur mit dem Unterschied, dass wir nicht so feist waren und keine dicken Zigarren rauchten.

Nach zwei Kilometern überquerten wir die Enz und folgten weiter der Straße bergauf. Wir kamen an einem Steinbruch vorbei und erreichten nach mehr als einer Stunde den Flugplatz Großsachsenheim. Was mir sofort auffiel, waren ein gemauertes Gebäude und einige Holzbaracken am Rande der Startbahn. Auf dem Dach des Hauptgebäudes prangte ein auffallend großes Emblem des Roten Kreuzes. Mir fielen die deutschen Wehrmachtsberichte ein, in denen wiederholt von Bombenangriffen auf Krankenhäuser die Rede war. Nun konnte ich mir den Grund dafür erklären.

An diesem Tag goss es wie aus Kübeln. Trotzdem erhielten wir den Auftrag, für eine neue Straße am Flugplatz entlang Erde auszuheben und Steine zu klopfen. Die SS-Leute flüchteten sich vor dem Regen unter die Tragflächen der hier stationierten Flugzeuge, die neben der Landebahn und zwischen den Bäumen standen. Von dort aus überwachten sie unsere Arbeit. Wir durften uns auch nicht eine Sekunde lang irgendwo unterstellen. In unserer dürftigen Kleidung sahen wir aus, als ob wir ein Bad genommen hätten. Weil wir ihrer Ansicht nach nicht hart genug arbeiteten, kamen sie ab und zu unter den Tragflächen hervor und schlugen uns. Dabei wurden sie natürlich auch nass. Sie warfen uns sogar noch vor, wir seien schuld daran. Ihr unvorstellbarer, tief verwurzelter Hass kannte keine Grenzen.

Der Regen hörte an diesem Tag gar nicht mehr auf. Er verfolgte uns noch bis ins Lager. Wie eine nasse Katze schoss ich in die Baracke, damit ich endlich ein Dach über dem Kopf hatte. Aber es gab keinen Brennstoff für die Öfen, so dass ich meine Sachen nicht trocknen konnte. Ich zog alles aus und kroch auf meine Pritsche ohne Stroh und Decken in der Hoffnung, dass die Sachen am nächsten Morgen etwas trockener sein würden. Von Schlafen war keine Rede. Wer hätte das gekonnt, nackt in einer kalten Novembernacht? Dieser Tag war von allen Tagen in den Lagern der schrecklichste. Ich habe Männer aus lauter Verzweiflung weinen sehen. Was an diesem Tag vorgefallen war, war schlimmer als 25 Peitschenhiebe. Das war Mord, ohne dass ein Verbrecher dafür auch nur einen Finger krumm zu machen brauchte. Das war wirklich Vernichtung durch Arbeit. Binnen weniger Tage starben dutzende von Häftlingen an Lungenentzündung. Hunderte sollten in den kommenden Monaten noch folgen.

Es gab drei verschiedene Orte, wo wir arbeiten mussten: der Flugplatz, der Steinbruch und die unterirdischen Gänge am Südhang eines Berges an der Enz, der Stollenbau. Ich verabredete mit Leo, dass wir versuchen wollten, uns so schnell wie möglich zu den Stollen einteilen zu lassen. Es regnete noch tagelang in Strömen. Der einzige Platz, wo es trocken sein musste und wo es außerdem Trinkwasser gab, waren die unterirdischen Gänge. Nachdem wir einige Tagen auf dem Flugplatz gearbeitet hatten, klappte es. Wir marschierten zu einem Platz an der Enz, ungefähr 200 Meter östlich der Brücke. Dort trieben deutsche Arbeiter mit Presslufthämmern Stollen in den Berg. Der Krach war fürchterlich, und bei den Bohrarbeiten entstand eine Menge Staub. Wir mussten die herausgeschlagenen Steinbrocken in Loren werfen, diese über Feldbahngleise zum Ufer der Enz schieben und dort an zwei Stellen auskippen. Die Entfernung, die wir mit den schweren Loren zurücklegten, hing von der Länge der Stollen ab. Der längste erstreckte sich über 400 Meter. In den unterirdischen Gängen herrschte eine konstante Temperatur von wenigen Grad, aber dafür war es dort immer trocken, abgesehen von Rinnsalen aus dem Gestein, die große Lachen auf dem Boden bildeten, durch die wir waten mussten.

An der Straße in Richtung Untermberg war Grubenholz zum Abstützen der Stollen aufgestapelt. Neben unserer anderen Arbeit mussten wir die Stämme mit einer Bundsäge auf das richtige Maß bringen, eine schwere und anstrengende Arbeit, bei der uns die SS-Bewacher noch schikanierten. Gegen Ende der Arbeitszeit wurden in den Bohrlöchern Dynamitstangen angebracht und mit einer Lunte gezündet. So krochen die Gänge immer weiter in den Fels. Noch am nächsten Tag war die Luft voller Staub, der einem in die Lungen drang. Im Gegensatz zu den deutschen Arbeitern bekamen wir keine Schutzmasken für Nase und Mund, so dass wir nach einer Weile unter Atemschwierigkeiten litten. Dadurch magerten wir noch schneller ab. Ohne ausreichende Ernährung konnte man es dort nicht lange aushalten und würde zugrunde gehen. Aber man musste sich entscheiden: Entweder man arbeitete in Kälte und Regen unter strenger Bewachung der SS auf dem Flugplatz oder im Steinbruch, oder man war im Berginneren wenigstens trocken und weitgehend ohne Aufsicht, da jeder Stollen nur einen Ausgang hatte, so dass keiner von uns fliehen konnte.

Ich fragte mich, wozu die Stollen dienen sollten. Der Flugplatz Großsachsenheim lag einige hundert Meter entfernt, und ich vermutete, dass sie irgendwie damit zu tun hatten. Im Berginneren waren an mehreren Stellen meterhohe Räume entstanden; vielleicht sollten dort ja Flugzeuge stationiert werden, wenn alles fertig war.

Mit den deutschen Arbeitern konnten wir keinen Kontakt bekommen, und sie hatten nicht einmal eine Brotkruste für uns übrig. Außerhalb der Stollen beeinträchtigten Schnee und Nässe unsere Widerstandsfähigkeit. Wir hatten nur dünne Holzklötze unter den Füßen und Unmengen von Läusen; Krankheiten hatten freies Spiel. Tuberkulose, Flecktyphus und Lungenentzündung reduzierten die Zahl der Häftlinge täglich. Nur die physisch und psychisch stärksten hatten hier eine Überlebenschance. Leo zählte leider nicht zu ihnen. Ich redete immer wieder auf ihn ein und sprach von besseren Zeiten, weil ich hoffte, ihn so vor dem weiteren Abgleiten zu beschützen.

Nach einem harten Arbeitstag – es war äußerst anstrengend, mit der Produktion der Bohrer mitzuhalten – sehnte man sich förmlich ins Lager zurück. Dort angekommen, litt man wieder unter der Kälte, weil nicht geheizt wurde. Unterwegs sahen wir genug Abfallholz, durften aber keines mitnehmen. Ein Verstoß brachte uns sofort Peitschenhiebe ein. Das hinderte uns jedoch nicht daran immer wieder erneut kleine Holzstücke und Zweige ins Lager zu schmuggeln, sobald die Bewacher einen Moment unaufmerksam waren. Wenn es erst einmal dort war, waren die Aufseher zu faul, einzuschreiten. So quoll nach einer Weile fast jeden Abend etwas Rauch aus dem Schornstein. Neben der Behaglichkeit durch die Wärme war es uns nun auch möglich, ein Stückchen Brot auf den Ofen zu legen, so dass man wenigstens die Illusion hatte, so wie früher daheim eine Scheibe Toastbrot zu essen.

Einige Tage vor Weihnachten 1944 fiel Schnee, wodurch der etwas schräg nach oben verlaufende Weg vom Dorf zur Frauen-kirche unbegehbar wurde. Der Schnee lag bestimmt 40 Zentimeter hoch. Die Unterriexinger Gläubigen konnten die Kirche nicht mehr erreichen und so auch die Geburt und Anbetung des Christuskindes nicht dort feiern. Dann eben zu Hause hinter dem warmen Ofen bleiben, hat man sich wahrscheinlich gedacht. Während die Bürger von Unterriexingen damit beschäftigt waren, Engel in ihren Weih-nachtsbaum zu hängen, klopfte ein Priester, der vergebens an die Bürger appelliert hatte, beim Lagerkommandanten an. Er hatte den scharfsinnigen Einfall, ihn zu bitten, die Juden aus dem nahe gelegenen Lager den Schnee wegschaufeln zu lassen. Dieser stimm-te zu und die Häftlinge hatten zu tun, was ihnen befohlen wurde. Es wurde eine Kolonne zusammengestellt. In meiner ärmlichen Kleidung und mit einem konstanten Hungergefühl musste ich zusammen mit den anderen hinaus in den Schnee.

Wie immer im Lager und außerhalb davon hatte ich einen Napf und einen Löffel dabei. Den Napf hatte ich mit einer Schnur um die Taille gebunden. Ich rechnete damit, dass ich für diese Sonder-arbeit etwas zu essen bekommen würde.

Ich versank bis zu den Knien im Schnee. Durch die eisige Kälte war jedes Gefühl in meinen Füßen abgestorben. Wer glaubte, dass wir nach einiger Zeit etwas Warmes zu trinken bekommen hätten, hatte sich geirrt. Im Gegensatz zu der warm angezogenen und wohl genährten Bevölkerung, die diese Arbeit eigentlich hätte verrichten müssen, trug ich nur eine Hose und Jacke und fror jämmerlich. Ich hatte nur ein Stück Brot im Magen, meine ganze Tagesration, die ich morgens im Lager erhalten hatte. Wir fingen voller Eifer mit der Arbeit an, nicht der Kirche und der SS zuliebe, sondern weil wir durch die Bewegung etwas Wärme entwickelten. Einheimische waren nicht zu sehen. Es ist nicht ausgeschlossen, dass es ihnen untersagt war, bei der Arbeit anwesend zu sein. Es machte sich ein Gefühl der Schadenfreude in mir breit, weil auch die SS-Männer draußen herumstanden und froren. Im Gegensatz zu uns trugen sie jedoch der Kälte angemessene Kleidung, wasserdichte Stiefel, Handschuhe und Ohrwärmer.

Ausnahmsweise wurden wir, da Weihnachten vor der Tür stand, nicht geschlagen. Der Priester und der Küster schauten hin und wieder vorbei, um nachzusehen, wie weit wir waren. Das Schnee Schaufeln hat stundenlang gedauert. Die ganze Zeit hatten wir nichts zu essen und zu trinken bekommen. Den SS-Leuten wurde dagegen dampfende Suppe gebracht. Als wir sahen, wie sie die Suppe mit sichtbarem Genuss löffelten, wurden wir noch hungriger. Einige Häftlinge versuchten vergeblich, ein paar SS-Männer dazu zu bewegen, einen Rest Suppe in ihren Napf zu schütten. Aber sie schlürften sie bis zum letzten Schluck auf oder schütteten den Rest demonstrativ in den Schnee. Wie konnten Menschen uns in der Kälte so Hunger leiden lassen? »Liebe deinen Nächsten ...« steht in der Bibel, aber das galt sicher nicht für Nazis.

Es war eine große Beleidigung, die ich über mich ergehen lassen musste. Als gegen Ende des Tages die Arbeit erledigt war, kehrten wir durstig und hungrig ins Lager zurück, nachdem wir bei der SS noch einen letzten Versuch unternommen hatten, den Küster zu bewegen, etwas Warmes für uns zu machen. Aber wir wurden ausgelacht. Sie sagten, wir sollten besser an ihre Kameraden an der Ostfront denken, die weit weg von zu Hause im Schnee krepierten.

Selbst der Geistlichkeit kam es nicht in den Sinn, uns im Gegenzug für unsere Arbeit etwas zu trinken zu geben. Das Erbarme-Dich-mein-Gott wie es in der Matthäus Passion steht, waren hier nur Worte ohne jegliche Bedeutung. So auch die Bibelworte bei Matthäus 25, Vers 42: »Ich habe Hunger gelitten und Du hast mir nichts zu essen gegeben, ich habe Durst gelitten und Du hast mir nichts zu trinken gegeben.« Wie konnte dieser Priester seiner

Gemeinde jemals noch in die Augen sehen? Erneut musste ich feststellen, dass zwischen dem Abhalten des Gottesdienstes und der täglichen Praxis ein riesengroßer Unterschied bestehen kann.

Es war inzwischen Januar 1945 geworden, und den Gerüchten zufolge führte die deutsche Wehrmacht in den Ardennen eine Gegenoffensive durch. Trotzdem standen die Truppen der Alliierten bereits in der Nähe von Straßburg, etwa hundert Kilometer von uns entfernt. Wenn sie weiter vorstießen, war die Befreiung nur eine Frage der Zeit, vielleicht sogar nur einiger Tage – falls die Deutschen uns nicht wie zuvor in Radom evakuierten. Aber an welchen Ort würden sie uns dann wohl bringen? Zu welchem Arbeitseinsatz? Man brauchte kein Stratege zu sein, um zu wissen, dass ganz Deutschland besetzt werden würde. Wenn wir im Lager blieben, war es fraglich, ob wir es noch jemals lebend verlassen würden. Es hieß nämlich, Himmler habe den Befehl erlassen, kein KZ-Insasse dürfe lebend in die Hände des Feindes fallen. Obwohl nun das Ende des Krieges absehbar war, bestand die Gefahr, noch im letzten Augenblick kurz vor der Befreiung umzukommen. Wir hofften auf einen plötzlichen Zusammenbruch des »Dritten Reichs«, damit den Deutschen keine Zeit mehr für verhängnisvolle Maßnahmen blieb. Realistischer war es freilich, mit der Möglichkeit zu rechnen, dass Deutschland trotz der großen Übermacht der Alliierten nicht kapitulieren würde. Die bange Frage war, was die SS mit uns machen würde.

Eines Tages wurden wir zum Steinbruch eingeteilt, einer Grube ungefähr in der Mitte zwischen Enzbrücke und Flugplatz. Dort arbeiteten meistens etwa 80 Häftlinge, die für einen Vorrat an Steinen für Instandsetzungsarbeiten auf dem Flugplatz und den Straßen der Umgebung sorgten. Die Steinbrocken mussten mit Spitzhacken aus den Felsen gehauen und nach unten geschafft werden. Wenn sie zu groß waren, rollten sie manchmal von allein hinab. Das war gefährlich, weil jemand getroffen werden konnte. Bei Regen oder Glätte war die Arbeit äußerst riskant, ein Ausrutscher konnte schreckliche Folgen haben.

Unten standen in Höhe der Straße Häftlinge, die die Steinbrocken weiter zerkleinern und auf Loren der Feldbahn werfen mussten. Dann mussten sie die Loren zum Flugplatz schieben und die Ladung in die Bombentrichter schütten. Nach jeder Bombardierung des Flugplatzes wurde das Steinbruchkommando sofort beträchtlich verstärkt, und wir mussten die neu entstandenen Löcher im Eiltempo füllen. Dabei liefen wir Gefahr, als Zielscheibe für neue Angriffe zu dienen. Die Piloten konnten nicht wissen, dass wir Häftlinge waren, und es gelang uns auch nicht, uns durch Winken bemerkbar zu machen, wenn sich die Bewacher in Luftschutzkeller geflüchtet hatten. Ich habe gesehen, wie Flugzeuge im Tiefflug die Startbahn an mehreren Stellen zerstörten. Aus einiger Entfernung beobachteten wir dieses grauenvolle, aber zugleich faszinierende Geschehen, obwohl auch Häftlinge getroffen wurden. Während der Angriffe hatte ich keine Angst, dass mir etwas zustoßen könnte. Jede Bombe, die ihr Ziel traf, sah ich als Vorschuss auf eine Rechnung, die niemals beglichen werden könnte.

Nach jedem Luftangriff musste ich mein Triumphgefühl unterdrücken; ich durfte es mir auf keinen Fall anmerken lassen. Aber auch die Peitschenhiebe der wieder aus ihren Unterständen hervorgekommenen SS-Leute, die nach einem Bombenangriff eine besonders lockere Hand hatten, konnten mir die Stimmung nicht verderben.

Die Luftwaffe der Alliierten erlitt in Unterriexingen auch Verluste. In einer offenen Ebene bei der Brücke über die Enz war am 4. November nachts ein Flugzeug der Alliierten krachend zu Boden gestürzt. Den Knall habe ich im Lager deutlich gehört. Es ist möglich, dass es von dem Abwehrgeschütz um den Flugplatz getroffen worden war. Am nächsten Morgen, auf dem Weg zu den Stollen, sah ich aus dem Wrack immer noch Rauch aufsteigen. Als wir etwas langsamer wurden, weil wir alles genau sehen wollten, befahlen uns die Aufseher, schnell weiterzugehen. Nur dem Piloten war es gelungen, rechtzeitig das Flugzeug zu verlassen. Wäre die Maschine etwas weiter abgestürzt, dann wäre ein großer Teil des Dorfes in Flammen aufgegangen.

Im unseligen Unterriexingen waren fast alle Häftlinge gleichermaßen hilflos, mit Ausnahme von Winogrodzki, dem immer wieder protegierten früheren Osti-Büroleiter und jetzigen Lagerältesten, dem Lagerschreiber Lipschitz, den Ärzten Neufeld und Tylbor, zwei

Blockältesten – der unsere hieß Meier Gusband[27] –, ein paar Kapos und dem Küchenpersonal. Diese »Lagerprominenz« hatte die Möglichkeit, sich mehr und besseres Essen zu verschaffen, auch wenn es auf Kosten anderer ging. Beide Baracken hatten im vorderen und hinteren Bereich abgetrennte Räume, wo sich diese Leute auf Kochplatten ihr eigenes Essen kochten, über einen Schlafplatz mit genügend Decken verfügten und wo sie sich von den anderen absondern konnten.

Als er noch zum jüdischen Ordnungsdienst in Radom gehörte, hatte Gusband keinen schlechten Ruf gehabt. Wir hatten dort ein gutes Verhältnis zu ihm. Hier in Unterriexingen aber hatte er alle menschlichen Regungen abgelegt und war ein beflissener Handlanger der SS. Die »Lagerelite« brauchte keine Angst vor Topfguckern zu haben, denn die SS-Leute zeigten sich nie in der Baracke, weil sie panische Angst vor ansteckenden Krankheiten hatten. Und die »normalen« Häftlinge wagten es gar nicht erst einzutreten. Die anderen Häftlinge besaßen nichts als ihren Leib und ihre Glieder sowie die Lumpen, die sie trugen.

Die Welt außerhalb des Lagers musste weit entfernt bleiben, so dass hier, anders als in Radom, nicht gehandelt werden konnte. Aber auch wenn wir Geld gehabt hätten, hätten wir damit nichts anfangen können, weil die meisten Deutschen nun einmal nicht mit den Polen zu vergleichen waren, die sogar mit dem Teufel Handel getrieben hätten. Hier kämpfte jeder um das nackte Leben. Man musste aus eigener Kraft, mit bloßen Händen, geschwollenen Füßen und leerem Magen, den Kampf gegen die SS, die Einsamkeit, die Menschen ringsum, die Läuse, das Wetter und die Zeit führen. Für die Schwächeren, von denen die meisten schon drei Jahre oder länger unter der Naziherrschaft gelitten hatten, war es die Frage, wie lange sie noch durchhalten konnten. Die Sterberate stieg rapide, obwohl ich nie gesehen habe, dass hier jemand erschossen wurde. Immer mehr Häftlinge erreichten das Stadium eines »Muselmanns«, was bedeutete, dass sie nur noch wenige Tage zu leben hatten.

Ein Bauer in der Straße, durch die wir täglich gingen, gab uns zu verstehen, dass auf seinem Hof eine Kiste Äpfel stand. Wir hatten den Eindruck, dass sie für uns gedacht waren. Bei jeder sich bietenden Gelegenheit nahmen wir uns ein paar heraus. Aber schon nach wenigen Malen griffen die Wächter ein. Mehr Entgegenkommen von seiten der Bevölkerung habe ich nicht beobachten können, obwohl ich es nicht völlig ausschließen möchte.

Wie bereits erwähnt, gab es im Lager kein Wasser. Im Februar wurde ein Arbeitstrupp zusammengestellt, der neben der Straße zum Dorf einen Graben ausheben musste. Dort sollte ein Rohr verlegt werden, um das Lager ans Wasserleitungsnetz anzuschließen. Ich habe eine Woche lang bei den Grabungen gearbeitet, aber dann wurden sie aus unerfindlichen Gründen eingestellt. Wenn man nicht in den Stollen arbeitete, hatte man keinen Tropfen Wasser zur Verfügung. Wo hatten wir jemals das Wort Hygiene gehört? Morgens, wenn der Viertelliter Kaffee-Ersatz ausgeteilt wurde, musste jeder entscheiden, was er damit machte: trinken, sich waschen oder von beidem etwas. Wenn man einmal beschloss, sich damit zu waschen, hatte das einen komischen Effekt, weil das Gesicht eine andere Farbe bekam als der Hals. Man sah dann aus wie ein Clown, ein Eindruck, der von der zu großen Streifenjacke und zu kurzen Hose noch verstärkt wurde.

Sich die Hände zu waschen, wenn man von der Latrine kam, war eine Gewohnheit aus ferner Vergangenheit. Papier war ein unbekannter Artikel geworden, was zur Folge hatte, dass man große Mengen Bakterien mit sich herum trug. Und dann die millionenfachen Läuse – eine ständige Plage, der man nicht Herr werden konnte. Sie waren in der Kleidung, am Körper, aber vor allem auf und unter der Decke und der Strohmatratze, die wir eine Woche nach unserer Ankunft bekommen hatten. Man sah ein ständiges Gewimmel und musste sich immerzu kratzen, obwohl man wusste, dass es nicht half. Es machte einen völlig verrückt. Das Beste schien noch, nachts die Kleider anzubehalten, dann störte es am wenigsten. Wegen der Kälte musste man das ohnehin machen.

Joop und ich waren der Situation noch einigermaßen gewachsen, aber Leo litt inzwischen an Hungerödem und magerte zusehends ab. Das bisschen Fleisch, das er noch am Hintern gehabt hatte, war verschwunden. Er war jetzt auch öfter mit seinen Gedanken ganz woanders und reagierte immer apathischer auf alles, was um ihn herum geschah. Ich hatte das Gefühl, dass er manchmal nicht mehr wusste, wo er war. Immer öfter wirkte er völlig abwesend. Für mich als seinen besten Freund war es furchtbar, das mit ansehen zu müssen. Ich versuchte zu erreichen, dass er in einen zur Krankenstube eingerichteten Teil der Baracke aufgenommen wurde, damit er von der Arbeit und den langen Fußmärschen verschont blieb. Aber Doktor Tylbor wollte nichts davon wissen, weil Erschöpfung seiner Ansicht nach nicht als Krankheit galt. Mehr konnte ich für Leo nicht tun. Er wusste selbst, wie es um ihn stand. Trotzdem versuchte er, seinen wirklichen Zustand vor mir zu verbergen; er sagte, es sei gar nicht so schlimm, noch ginge es einigermaßen, und wenn wir erst einmal freie Menschen seien, würden wir Freunde fürs Leben bleiben.

Wie halb betrunken stand er beim Appell, wankte zum Flugplatz, klopfte Steine oder schob Loren. Bedrückt und voller Sorge behielt ich ihn im Auge. Joop ging es erheblich besser; er konnte die Situation leichter verkraften, während ich eine Position zwischen den beiden einnahm. Joop und ich schienen noch über genügend Kraftreserven zu verfügen, um bis zur Befreiung durchzuhalten, zumindest, wenn sie nicht mehr allzu lange auf sich warten ließ.

Nach heftigen Bombenangriffen auf größere Städte in der Umgebung wurden wir zum Beseitigen der Trümmer eingesetzt. Von Großsachsenheim aus brachte man uns mit einem Nahverkehrszug nach Kornwestheim oder Pforzheim. Es war ein Erlebnis, wieder in einem Personenzug zu sitzen, der sogar eine saubere Toilette hatte. Von einem Verschiebebahnhof am Stadtrand aus gingen wir in Kolonnen durch das zerbombte Pforzheim. Um den Bahnhof herum und im Bahnhof selbst, der vollkommen zerstört war, mussten wir Trümmer wegräumen. Lokomotiven lagen zusammengedrückt unter dem Schutt. Wir sahen schreckliche Dinge, aber wir stahlen auch wie die Raben aus den auseinander gerissenen Güterwagen, wenn die Bewacher nicht aufpassten.

Auf dem Rückweg von einem dieser Einsätze bekam ich heftige Schmerzen im Fuß und konnte von einem Moment auf den anderen nicht mehr laufen. Als ich mit großer Mühe, von Mithäftlingen gestützt, ins Lager zurückgekehrt war, ging ich sofort zu Doktor Tylbor. Er betastete meinen Fuß und beschloß, mich in die Krankenstube aufzunehmen.

Die Krankenstube war einer der fünf separaten Räume in der Baracke, in der ich schlief. Die Stube war kleiner als die anderen Räume; nur zehn Personen fanden darin Platz. Und es gab einen Ofen, der mit Holz und Torf geheizt wurde. Die Luft war zum Schneiden, denn das kleine Fenster blieb geschlossen, außer wenn jemand seinen Urin loswerden musste, den er notgedrungen in seinen Essnapf gelassen hatte. Da es keine Toilette gab, mussten auch die Kranken zur Latrine im Freien. Die meisten hatten Typhus. Weil sich niemand weiter um sie kümmerte und es weder Wasser noch Medikamente oder Stärkungsmittel gab, hatten sie praktisch keine Überlebenschance. Apathisch warteten sie auf ihr Ende, nach jahrelangen Entbehrungen, fern von zu Hause in einer feindlichen Umgebung und von Gott und der Welt verlassen.

Auf der Pritsche, die mir Tylbor zuwies, war kurz zuvor jemand an Typhus gestorben. Der Strohsack starrte von Urin und Exkrementen. Weil es keine anderen gab, hatte ich keine Wahl, also legte ich mich auf die verseuchte, stinkende Pritsche. Ich ekelte mich davor, aber mit dem schmerzenden Fuß blieb mir nichts anderes übrig. Mir war klar, dass ich jetzt ebenfalls Typhus bekommen würde. Die Essensrationen waren noch kleiner als das, was hier sonst als normal galt. Keine Arbeit, also noch weniger Essen.

Nachdem ich ein paar Tage in der Krankenstube gelegen hatte – mittlerweile war es März 1945 –, wurde uns mitgeteilt, dass das Lager aufgelöst werden sollte. Wieder einmal entstand große Unruhe. Wohin würden sie uns nun wohl bringen? Wie oft hatte ich das schon mitgemacht. Und wieder dachte ich, dass es anderswo gar nicht mehr schlechter sein könne. Warum ließen sie uns nicht einfach zurück, damit die Amerikaner uns fanden, die unaufhaltsam vorrückten? Sie standen bereits am Rhein oder hatten den Fluss vielleicht schon überschritten. Als Arbeitskräfte konnte uns die SS nun wirklich abschreiben; eigentlich waren wir für sie vollkommen wertlos. Man sprach von einer Evakuierung nach Dachau, aber wenn das stimmen sollte, musste man sich fragen, wer überhaupt noch die Kraft dazu hatte. Es gab nur ein Lager, in das wir wollten, und das war Vaihingen. Wir kannten es mit all seinen Problemen und Mängeln, aber es flößte uns dennoch einiges Vertrauen ein. Nicht, dass es ein sicherer Ort war, aber es war ein Erholungslager, wo man zumindest nicht zu arbeiten brauchte. Vaihingen – dort wollten wir hin.

Leo und Joop kamen am Vorabend des ersten Transports zu mir in die Krankenstube, um gemeinsam zu beratschlagen. Wir wussten, dass wir den Lauf der Ereignisse nicht oder kaum beeinflussen konnten. Wir verabredeten, dass wir versuchen wollten zusammenzubleiben, weil wir bis zuletzt die gegenseitige Unterstützung brauchen würden. Als einzige Möglichkeit blieb, dass auch Leo und Joop zu den Kranken gezählt wurden. Der Blockälteste hatte den Auftrag, die Transportlisten zusammenzustellen, also versuchten Leo und Joop ihn zu beeinflussen. Er hörte zwar zu, reagierte aber nicht. Er hatte andere Probleme: Mit welchem Transport konnte er sich wohl selbst am ehesten in Sicherheit bringen? Wir hatten das Gefühl, dass wir nichts weiter tun konnten.

Am nächsten Morgen stellte sich heraus, dass wir drei beim ersten Transport nicht dabei waren. Ob er uns doch noch den Gefallen tun würde? Einen Tag später wurde der nächste Transport zusammengestellt. Nun waren Leo und Joop an der Reihe. Weil ich nicht allein bleiben wollte, humpelte ich zum Blockältesten und flehte ihn nochmals an, meine Kameraden, oder wenigstens einen von ihnen, von der Liste zu streichen. Aber er sagte, das sei unmöglich. Nur die Kranken aus der Krankenstube blieben von dem Transport verschont.

Wir mussten Abschied nehmen. Das war einer der schwersten Augenblicke in meinem Leben. Wir versuchten, unsere Gefühle nicht zu zeigen, aber das war unmöglich nach alledem, was wir durchgemacht hatten. In den letzten zwei Jahren unseres erst so kurzen Lebens hatten wir unter nie gekannten und unmenschlichen Umständen alles Mögliche miteinander erlebt. Wir hatten zusammen gelitten, geweint und gelacht. Wir waren durch finstere Täler gegangen und sahen nun am Horizont die Morgenröte der Befreiung. Wir waren als Trio zusammengeblieben, für die anderen waren wir nur »die drei Holländer«, wir repräsentierten Freundschaft und Zuverlässigkeit, Werte einer Welt, die sich von der in Polen unterschied. Unter denkbar schwierigsten Umständen hatten wir uns gegenseitig unterstützt, uns Mut zugesprochen und uns getröstet. Ja, wir kannten einander besser, als unsere Ehefrauen uns jemals gekannt hatten.

Dann kam der Augenblick, wo sich unsere Wege trennten. Wider besseres Wissen beneidete ich Leo und Joop, weil sie sich noch gegenseitig unterstützen konnten, während ich mir von nun an allein helfen musste. Als ich Leo zum Abschied umarmte und ihn küsste, sah ich, dass die Rettung für ihn zu spät kommen würde. Er war schon ein »Muselmann« geworden. Joop sah zwar auch verwahrlost aus, aber ihm war anzusehen, dass er noch die Kraft hatte, eine Weile durchzuhalten. Beim Abschied sagte er zu mir: »Wenn wir erst wieder den Asphalt der Weesperstraat unter den Füßen spüren, ist das alles hier Vergangenheit«. Ohne noch ein Wort zu sagen, gingen wir auseinander. Aus der Ferne hoben sie noch die Hände ...

An diesem Tag ging der letzte Transport, und nur noch die Kranken und die paar Männer aus der Küche waren übrig. Auch mein und ihr Aufenthalt in Unterriexingen endete nun. Wir wurden als Letzte in Lkws verfrachtet und erfuhren vom Fahrer, dass er den Auftrag hatte, uns nach Vaihingen an der Enz zu bringen.

Befreiung

Noch bevor der Fahrer den Wagen beim »Erholungslager Vaihingen« gestoppt hatte, sah ich von der Ladefläche aus, wie die Toten aus dem Lager getragen wurden. Ihnen war nicht die Behandlung zuteil geworden, die man in einem Erholungslager erwartet hätte. Das mindeste, was man eigentlich voraussetzen durfte, waren ausreichende Stärkungsmittel, ärztliche Versorgung und Sauberkeit. Davon konnte nicht die Rede sein.

Der NSKK-Mann setzte uns direkt vor dem Lager bei der Baracke ab, wo wir auch schon geduscht hatten, bevor wir nach Unterriexingen gebracht wurden. Nachdem wir monatelang ohne Wasser auskommen mussten, war das bitter nötig. Für das Duschen galten hier besondere Regeln. Die Handtücher – zum erstenmal seit zwei Jahren – lagen in einer Baracke im Lager. Nackt und tropfnass musste ich mit meinem schmerzenden Fuß 150 Meter weit humpeln, um mich abtrocknen zu können. In der Baracke, die man mir zuwies, gab mir der Blockälteste saubere Häftlingskleidung, in der ich mich wie neugeboren fühlte. Nach einer flüchtigen Untersuchung durch einen mir unbekannten Arzt bekam ich einen neuen Strohsack und tatsächlich eine neue Decke. Was für ein Luxus. Wie schön hätte ich es gefunden, wenn Leo auch dagewesen wäre.

Mein entzündeter Fuß heilte ziemlich schnell. Schon nach einer Woche konnte ich in der Baracke ein wenig auf und ab gehen. Erst dann konnte ich das wahre Ausmaß der Zustände sehen. Die meisten der Kranken siechten dahin; sie hatten Hungerödeme und große stinkende, eiternde Wunden an Armen, Gesäß und Beinen. Und dabei lagen in dieser Baracke von all den Kranken, die aus verschiedenen Lagern hierhertransportiert worden waren, nur diejenigen, denen es am wenigsten schlecht ging.

Der Lagerschreiber schrieb auf eine Tafel an der Außenwand seiner Baracke, wie viele Menschen im Lager waren, unterteilt nach Nationalitäten. Wer interessiert war und rechnen konnte, war in der Lage festzustellen, wie viele Personen jeden Tag starben.

Die Sterberate war besonders hoch. Am 11. November 1944 wurden 34 Tote registriert. Der erste starb – rein administrativ – laut den bewahrt gebliebenen Karteikarten um neun Uhr morgens, der letzte um vier Uhr nachmittags. Bei fast allen wurde als Todesursache »Allgemeine Schwäche« angegeben.

Das Essen war noch genauso schlecht wie zuvor, denn es bestand aus dünner Suppe mit Kartoffelstückchen und ein paar Scheibchen Wurst. Dazu gab es etwas Brot, einen Klecks Margarine und Marmelade – das war das ganze Tagesmenü. Trotz der neuen Sachen, die man bei der Ankunft bekommen hatte, herrschte die bekannte Läuseplage. Sie war nicht weniger schlimm als in Unterriexingen. Wirkliche ärztliche Hilfe war nicht möglich, weil die Mittel dazu fehlten. Zwar gab es Ärzte, die täglich die Kranken besuchten, aber was konnten sie mit ihrem völlig unzureichenden Instrumentarium schon groß ausrichten? Der von den Deutschen angestellte Arzt war Adam Dichmann[28], der sich um die Häftlinge kaum kümmerte. Ich selbst habe ihn nie gesehen.

Neben dem Blockältesten hatte jede Baracke einen Krankenpfleger, der über einige so genannte Kalfaktoren herrschte. Das waren zwischenzeitlich genesene Kranke, die sich, nicht zuletzt aus eigennützigen Motiven, nützlich machten, damit sie nicht in Arbeitslager zurückgeschickt wurden. Sie mussten Fußböden schrubben, Kranken beistehen, Tote wegtragen und sämtliche anderen anfallenden Arbeiten erledigen. Ich nahm mir vor, mich beim Revierältesten, auch einem Häftling, der die Leitung über die Krankenbaracken hatte, als Kalfaktor zu melden. Ich hatte inzwischen gemerkt, dass es genug zu tun gab.

In einem passenden Augenblick sprach ich ihn an. Ich teilte ihm meinen Wunsch mit und übergab ihm eine Liste, auf der ich meine Fähigkeiten notiert hatte. Beim Abendappell, der nur für das Pflegepersonal und die nicht bettlägerigen Patienten abgehalten wurde, hörte ich meine Nummer und meinen Namen. Friedman, der

Lagerälteste, sagte mir, ich solle mich beim Revierältesten melden. Als ich das kurz darauf tat, stand auch der Krankenpfleger aus meiner Baracke da. Zusammen gingen wir zum Lagerkommandanten, der noch seine Einwilligung geben musste. Nachdem das geschehen war, wurde mein Vorgänger seiner Funktion enthoben. Den Kommandanten scherte es nicht, wie und von wem die Kranken gepflegt wurden.

Zurück im Lager erzählte Friedman mir, dass er mit meinem Vorgänger nicht zufrieden gewesen sei und ich mich zum richtigen Zeitpunkt gemeldet hätte. Er sagte, ich müsse gerechter sein als mein Vorgänger und dürfe mir auch nie mehr als einen halben Liter Suppe zusätzlich nehmen.

So wurde ich von einem Augenblick auf den anderen Krankenpfleger. Zu meinen Aufgaben gehörte es, morgens früh festzustellen, wer in der vergangenen Nacht gestorben war. Die Zahl der Toten in meiner Baracke musste ich vor dem Appell dem Blockältesten melden. Nachdem ich ihre Identität festgestellt hatte, gab ich den Kalfaktoren den Auftrag, die Leichen hinauszutragen. Danach musste die Baracke geschrubbt werden, damit sie zum Empfang des Arztes möglichst sauber aussah. Ich ging an den Kranken entlang, um zu sehen, wie ihr Zustand war, um sie zu ermutigen oder ein paar Worte mit ihnen zu wechseln. Zusammen mit dem Dienst habenden Arzt machte ich danach noch einmal die Runde wie in einem richtigen Krankenhaus. Ich war natürlich nicht sein Assistent, sondern ein zufälliger, ungelernter Krankenpfleger. Aber als ob ich das Fach studiert hätte, erzählte ich ihm, wie es um die Kranken stand, und er nahm es zur Kenntnis, ohne etwas mit dieser Information anzufangen. Zu meinen Aufgaben gehörte es auch, das Essen auszuteilen: morgens die Ration Brot mit Marmelade und mittags und abends Suppe aus den Kesseln. Wenn nach der ersten Runde noch etwas übrigblieb, verteilte ich den Rest so gerecht wie möglich, ohne zu vergessen, dass auch mir eine halbe Portion zustand.

Es kamen jetzt auch Päckchen für die wenigen norwegischen Häftlinge und später für die Franzosen an. Wir sahen, wie sie die zusätzlichen Lebensmittel, die Süßigkeiten und den Tabak an sich nahmen. Mit schiefen Blicken starrten wir auf die Sachen und

Das Lager Vaihingen einige Tage nach der Befreiung

hofften, auch etwas abzubekommen. Aber so weit ging die
Solidarität nicht. Ich schimpfte auf die niederländische Regierung
und das niederländische Rote Kreuz, die für uns offenbar keinen
Finger krumm machten.

Die Norweger durften das Lager ein paar Tage vor der Befreiung
mit zwei Sonderbussen des schwedischen Roten Kreuzes verlassen.[29]

Ehrung der Opfer von Vaihingen direkt nach der Befreiung

Jeden Tag konnte man einen makabren Zug durch das Lager beobachten. Die Toten wurden zu einer großen Grube außerhalb des Stacheldrahtzauns gebracht. Die meisten Toten stammten aus der Typhusbaracke im hinteren Bereich des Geländes. Hier gab es noch mehr Pritschen als in den anderen Baracken. Die Reihen waren nur durch einen engen Gang voneinander getrennt. Der Eingang befand sich an der Vorderfront, und an der Rückseite gab es einen separaten Raum, der noch einmal geteilt war. In dem einen Bereich konnte sich das Pflegepersonal kurz ausruhen, der andere diente als Abstellkammer, und die Toten wurden dort vorübergehend niedergelegt. Wenn man in die Baracke kam, schlug einem ein Dunst von Eiter, Urin und Exkrementen entgegen. Soweit sie nicht auf ihren Pritschen lagen, krochen Gestalten, die nur noch aus Haut und Knochen bestanden, zu einem Platz beim Eingang, wo sie über einem leeren Marmeladeneimer ihre Notdurft zu verrichten versuchten. Der Eimer war von oben bis unten verdreckt. Wenn sie fertig waren, schütteten sie den Inhalt vor der Baracke in ein Fass, das von Zeit zu Zeit vom Latrinendienst geleert wurde. Viele Kranke, die neben Typhus auch noch unter eiternden Geschwüren und Ödemen litten, konnten sich ohne fremde Hilfe kaum bewegen und waren nicht in der Lage, ihre Pritsche zu verlassen. Sie ließen ihrem zu Wasser gewordenen Stuhlgang freien Lauf, und er landete auf dem Stroh der unter ihnen liegenden Kranken oder auf den Kranken selbst. Das Stroh war im Laufe der Zeit von dem ganzen Unrat dünn und steif geworden. Wer hier lag, hatte praktisch keine Überlebenschance. Die Ärzte mussten hilflos zusehen. Ihre Energie konnten sie mit mehr Erfolg für Kranke in anderen Baracken aufwenden, für die noch ein Funken Hoffnung bestand. Wer nicht gezwungen war, sich dort aufzuhalten, mied die Baracke wegen der großen Ansteckungsgefahr. Als Krankenpfleger bekam ich vom Revierältesten den Auftrag, zusammen mit meinen Kollegen aus den anderen Baracken dort umschichtig Dienst zu tun. Das war die Kehrseite der soeben erworbenen Medaille.

Die Alliierten hatten schon an verschiedenen Stellen den Rhein überquert und stießen in hohem Tempo in östlicher Richtung vor. Sie standen bereits in Bruchsal, etwa 40 Kilometer nordwestlich von Vaihingen. Da sie mit einem schnellen Durchbruch rechnete, wollte die Lagerleitung entsprechende Maßnahmen ergreifen. Es war Anfang April, als, was fast nie vorkam, ein aufgeregter SS-Mann gegen elf Uhr in meine Baracke stürzte. Er zählte das Pflegepersonal und die nicht bettlägerigen Patienten und kam auf nicht mehr als sechzehn Personen. »Sofort zum Transport bereit machen«, bellte er.

Alle, die dazu in der Lage waren, mussten das Lager verlassen. Nur die Bettlägerigen, das Küchenpersonal und die Ärzte durften bleiben. Ich konnte den Gedanken nicht ertragen, so kurz vor der Befreiung noch an einen anderen Ort gebracht zu werden. Wohin überhaupt? Hatten sie gute Absichten? Natürlich nicht, denn dann würden sie uns in Ruhe lassen. Um der drohenden Katastrophe zu entgehen, musste ich mir rasch etwas einfallen lassen. Blitzschnell fasste ich einen Plan. Zusammen mit den fünfzehn anderen Männern aus meiner Baracke sollte ich mich zur Sammelstelle beim Tor begeben. Ich verließ die Baracke als letzter. Nachdem ich ein paar Meter gegangen war, rannte ich zurück. Der SS-Mann, der vorging, hatte nicht gemerkt, dass er eine Person verloren hatte. Ich zog mich schnell aus und legte mich auf eine Pritsche, so weit wie möglich vom Eingang entfernt. Mit dem Gesicht zur Wand wartete ich ab, was nun geschehen würde.

Kaum lag ich unter der Decke, stürzte der SS-Mann in die Baracke und schrie, wenn er den verfluchten Kerl zu fassen bekäme, würde er ihn auf der Stelle niederknallen. Er suchte in allen Betten nach mir. Wie die anderen lag ich nackt und regungslos da. Die Kranken, die das Ganze aus den Augenwinkeln beobachtet hatten, ließen sich nichts anmerken. Ohne mich entdeckt zu haben, ging er fluchend und wetternd aus der Baracke zum Tor, wo die anderen Männer warteten. Von weitem hörte ich, wie jemand den Befehl zum Abmarsch gab. Mit diesem Transport verließen alle noch anwesenden SS-Männer das Lager.

Es blieb noch eine Weile still in der Baracke, bis ein Arzt hereinkam, um nach uns zu sehen. Er erzählte aufgeregt, dass die SS-Leute verschwunden seien und auf einem der Wachtürme Soldaten in sonderbaren Uniformen die Bewachung übernommen hätten. Weil die Luft rein war, zog ich mich an und ging an den Kranken entlang. Nun galt es, das letzte Fünkchen Lebenswillen anzusprechen. Bis zur Befreiung konnte es sich nur noch um Tage oder vielleicht sogar Stunden handeln. Nachdem der Arzt die Baracke verlassen hatte, war ich der Einzige, der etwas für sie tun konnte. Aber zuerst ging ich in die Küche, wo das Personal zum Glück zurückgeblieben war. Die Kessel waren mit dicker Suppe gefüllt. Plötzlich stellte sich heraus, dass mehr als genug Gemüse und Fleisch vorrätig waren.

Danach suchte ich zögernd Kontakt mit den neuen Bewachern. Einer von ihnen bat mich, ihn zum Lebensmittellager zu begleiten. Als sei es das Normalste von der Welt und als hätten mich seine Landsleute nicht zwei Jahre lang auf barbarische Weise behandelt, machten wir einen kleinen Spaziergang und plauderten dabei über das Wetter. Ein schmaler, in den Fels gehauener Gang führte zu einer Stahltür, die er mit einem Schlüssel öffnete. Wie angewurzelt stand ich plötzlich vor einem riesengroßen Lebensmittelvorrat. Es war unfassbar, wenn man daran dachte, wie miserabel und unzureichend unser Essen gewesen war.

»Das reicht für mindestens einen Monat«, sagte der Mann. »Wir haben den Auftrag, die Lebensmittel nur im Lager zu verwenden.« Mit dieser Neuigkeit eilte ich zurück, und alle, die es hörten, redeten aufgeregt durcheinander. Die Nachricht, dass die SS-Leute verschwunden und die Lebensmittel zum Greifen nahe waren, ging von Mund zu Mund. Dennoch löste sich die allgemeine Spannung nicht auf. Ein einziges, plötzlich auftauchendes Maschinengewehr hätte gereicht, unseren Hoffnungen ein Ende zu bereiten. Zuerst müssten wir unseren Befreiern die Hand drücken, ehe wir glauben konnten, dass wir wirklich frei waren. Obwohl jetzt genug Lebensmittel zur Verfügung standen, starben weiterhin Häftlinge. Die bevorstehende Befreiung kam für sie zu spät.

Am 5. April verließen auch die neuen Bewacher ihren Posten. Sie stiegen von den Wachtürmen herab und schlenderten weg, die Gewehre baumelten lose an ihren Schultern. Ich schaute ihnen nach, bis sie verschwunden waren. Von diesem Moment an waren wir ohne Bewachung. Ich beschloss, im Lager zu bleiben, um auf die Ankunft unserer Befreier zu warten.

Als ich an diesem Abend auf meiner Pritsche lag, hatte ich Schüttelfrost und konnte nicht schlafen. Zuerst dachte ich, es käme von der Aufregung. Aber am nächsten Morgen hatte ich hohes Fieber. Der Arzt stellte die Diagnose: Flecktyphus. Ich durfte die Pritsche nicht mehr verlassen. Ich war der Verzweiflung nahe. Nach zwei Jahren Vernichtungs- und Konzentrationslager, auf der Grenze zwischen Krieg und Frieden, Typhus zu haben, war eine schreckliche Vorstellung, denn diese Krankheit verlief fast immer tödlich. Es bedeutete, dass ich Amsterdam nie mehr wiedersehen würde und auch nicht in Erfahrung bringen könnte, ob von meinen Angehörigen noch jemand am Leben war. Aber der Gedanke, dass der Krieg hier bald zu Ende war, gab mir die Hoffnung, die Kraft und den Willen zu überleben. Ich wusste genau, dass die Armee-Einheiten, die uns befreien würden, Medikamente bei sich hätten, die mich wieder gesund machen würden. Aber wie lange würde es noch dauern, bis sie hier wären? Wenn sie doch in Gottesnamen noch rechtzeitig kämen.

Am 7. April lag ich mit Fieberfantasien auf meiner Pritsche. In der Ferne hörte ich Panzer vorbeirollen und war mir sicher, dass es die Alliierten waren. Würden sie noch heute kommen oder vielleicht morgen? Gegen Abend betrat plötzlich ein Mann in einer anderen als einer deutschen Uniform die Baracke. Er blieb wie angewurzelt stehen, entsetzt von dem Anblick, der sich ihm bot. Sein Blick schweifte über die Kranken und Sterbenden. Dann brach er die Spannung und rief uns auf Französisch zu: »Sie sind frei, Kameraden, Sie sind jetzt frei!« Er kam näher, schüttelte hier und da Hände und verteilte Zigaretten und Schokolade.

Das war der Moment der Befreiung. Diesem Augenblick hatte ich jahrelang entgegengefiebert. Ich hatte mir nie eine Vorstellung davon gemacht, wie und wo ich diesen Moment erleben würde. Jetzt war es soweit. Dieser Mann war als Vorposten der freien Welt seiner Einheit vorausgeeilt, um nachzusehen, was sich da hinter dem Stacheldraht abspielte und uns zu sagen, dass der Krieg für uns vorbei war. Seinen Namen habe ich damals nicht erfahren, aber das tut nichts zur Sache.[30] In meinen Gedanken wird er als mein Befreier weiterleben. Für die Häftlinge in Vaihingen war das Wunder geschehen. Die, die noch Tränen hatten, ließen ihnen freien Lauf. In einem der wichtigsten Augenblicke meines Lebens führten Freude und Schmerz einen heftigen Kampf miteinander. Ich war kaum in der Lage, die Wirklichkeit zu mir durchdringen zu lassen, so dass der Glanz der Befreiung an mir vorüberging. Ich mobilisierte meine letzten Kräfte, um meine Krankheit zu überwinden. Alles in mir widersetzte sich dem Tod. Ich wollte nicht krank sein, sondern mich dem Rausch hingeben, den die Befreiung mit sich brachte. Gemeinsam mit denjenigen, die dazu imstande waren, wollte ich in der Stadt einen Raubzug machen, unsere Fahrräder und Radios zurückholen, die uns die Deutschen gestohlen hatten. Dieser Gedanke spukte mir durch den Kopf. Von heute aus gesehen weiß ich nicht, ob ich es wirklich getan hätte. Die französischen Besatzungsbehörden machten solchen Unternehmungen schnell ein Ende.

Allerdings hätte ich gerne gesehen, wie die Bürger von Vaihingen eine leichte Verbeugung vor den ehemaligen KZ-Häftlingen machten, wenn sie durch die Stadt gingen. Zu hören, dass sie leider Gottes ja nicht gewusst hätten, was ganz in ihrer Nähe geschehen war. Zu hören, dass sie mit dem Nationalsozialismus nichts zu tun gehabt hätten, dass die unzähligen Hakenkreuzfahnen nur des äußeren Anscheins wegen geweht hätten …

Ich darf nicht verschweigen, dass es auch »Gute« unter den Einwohnern von Vaihingen gab, wie etwa Irma Weber, die noch einige Zeit die Kranken im Lager pflegte. Sie gehörte zu den 20 Frauen und Männern, die einen Tag nach der Befreiung aufgerufen wurden, um die Baracken zu säubern und die Toten zu bestatten. Sie mussten diese Arbeit so lange verrichten, bis die letzten Häftlinge in Krankenhäusern in der Stadt und im Umland untergekommen waren. Danach wurden die Baracken von der Vaihinger Feuerwehr wegen der Seuchengefahr niedergebrannt. Ende April traten unter den Bürgern, die mit den Kranken in Berührung gekommen waren, die ersten Typhusfälle auf, sieben davon mit tödlichem Ausgang.

Der Typhus, der beim Ausbleiben der Befreiung meinen Tod bedeutet hätte, wurde jetzt mit Medikamenten, Stärkungsmitteln und guter Pflege bekämpft. Allmählich kam ich wieder zu Kräften. Ich musste noch einige Tage im Lager bleiben, weil das örtliche Krankenhaus völlig überlastet war. Inzwischen waren vor dem Lager zwei Zelte aufgestellt worden, in denen die Kranken duschen konnten, bevor sie weitertransportiert wurden. Als ich am 15. April an der Reihe war, halfen mir französische Rotkreuzschwestern von der Pritsche. Von zwei Schwestern gestützt wankte ich zu einem der Zelte. Bevor ich mich auszog, musste ich meine armselige Habe auf eine Ablage legen: einen Löffel, ein Messer, eine kleine Schere und ein paar Stücke Bindfaden. Und meinen Taschenspiegel, den ich noch immer besaß. Nachdem ich sauber und mit DDT besprüht war, durfte ich einen nagelneuen Schlafanzug anziehen. Erfrischt und froh über meine neuen Sachen ging ich von den Schwestern gestützt zu einem bereitstehenden Krankenwagen, der mich ins Vaihinger Krankenhaus brachte. Mit zwei weiteren Männern aus dem Lager bekam ich ein helles, sonniges Zimmer, wo ich von meiner Krankheit genesen konnte.

Als ich nach einigen Tagen wieder klar denken konnte, entschloss ich mich, meine Erlebnisse der beiden Jahre in den Konzentrationslagern aufzuschreiben. Ich wollte meine Geschichte, die sowohl einzigartig als auch absurd ist, auf Papier festhalten, um zu vermeiden, dass man später würde denken können, all dies entstamme dem Hirn eines Phantasten. Ich hütete noch das Bett, als ich eine Krankenschwester bat, mir Papier und Bleistift zu besorgen. Sie brachte mir Formulare, die auf einer Seite zwar bedruckt, aber noch nicht ausgefüllt worden waren, auf denen bis vor kurzem die Namen der Soldaten eingetragen wurden, die in das Krankenhaus eingeliefert oder entlassen worden waren. Auf den leeren Rückseiten begann ich meine Geschichte aufzuschreiben.[31]

Wenige Tage zuvor hatten die Franzosen angekündigt, dass das Krankenhaus geräumt werden müsse. Verwundete deutsche Soldaten wurden ins westlich von Vaihingen gelegene Bruchsal gebracht. Die Diakonissen hatten die Wahl, die Soldaten zu begleiten oder uns zu pflegen. Es gereicht ihnen zur Ehre, dass sie beschlossen, bei uns zu bleiben.

Nach ein paar Tagen im Krankenhaus ging es mit mir langsam wieder bergauf. Auf meinem Nachttisch fand ich eine Obstschale und ein paar Schachteln Chesterfield, Gaben des französischen Roten Kreuzes, aber nicht das, was ich suchte: meinen Taschenspiegel. Ich erinnerte mich wieder an die Bitte der Schwestern, den Spiegel vor dem Duschen auf die Ablage zu legen. Hinterher hatte ich aufgrund meines Zustandes nicht mehr daran gedacht, mir meine Sachen zurückgeben zu lassen, und die Schwestern hatten es auch vergessen. Sie konnten nicht wissen, was der Spiegel für mich bedeutete. Ich geriet in leichte Panik und fragte die Diakonissen, ob sie die Französinnen noch erreichen konnten. Sie versprachen, ihr Bestes zu tun. Ob sie sich wirklich Mühe gegeben haben, weiß ich nicht. Vielleicht fanden sie es nicht wichtig genug. Ein paar Tage später erzählten sie mir, alle Nachforschungen seien vergebens gewesen. Das Zelt war abgebaut und die Schwestern waren verschwunden. Ich hatte das Kostbarste verloren, was ich in jenem Moment besaß.

Vom 15. April bis zum 20. Juni blieb ich im Krankenhaus. Einer meiner beiden Mitpatienten war ebenfalls ein Holländer namens

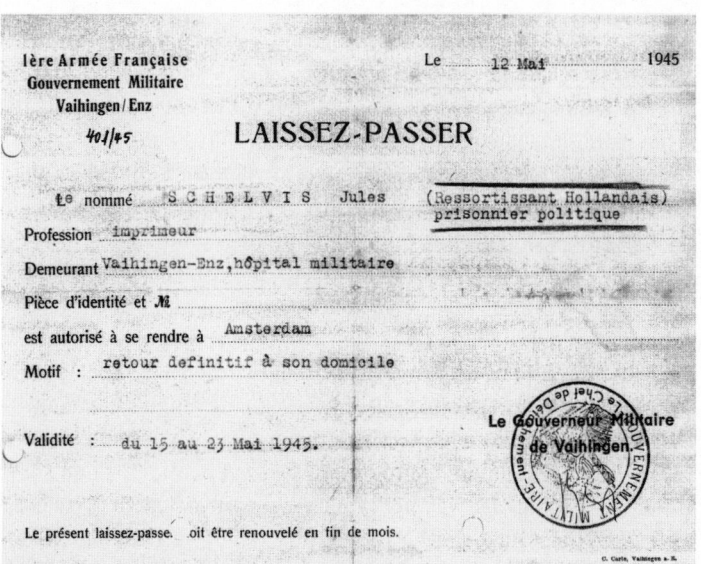

Jules Schelvis Entlassungsschein aus dem Hospital in Vaihingen
vom 12. Mai 1945

Bertus Seegers. Er war aus einem Arbeitslager in Leonberg ins Vaihinger Lager gekommen. Er erzählte mir, es sei in Leonberg erheblich besser gewesen als hier, obwohl Vaihingen ein Erholungslager war, denn, so schrieb er noch an seine Mutter: »Ich wurde hier von den Läusen angefressen«. Es sah so aus, als ob er sich zunächst von seiner schweren Lungenentzündung erholen würde, aber Anfang Mai verschlimmerte sich sein Zustand, und am 5. Mai starb er. Er wurde auf dem Friedhof von Vaihingen begraben. Damit er nicht namenlos verschwunden blieb wie die meisten meiner Angehörigen, stellte ich ein Holzkreuz mit seinem Namen und dem Todesdatum auf das Grab.

Die Behandlung durch den französischen Chefarzt De Palma war hervorragend. Am 12. Mai fühlte ich mich kräftig genug, um in die Niederlande zurückzukehren. Von den Behörden bekam ich ein laisser passer und eine offizielle Erklärung, dass die französische Armee mich aus einem Konzentrationslager in Vaihingen an der Enz befreit hatte. Die Reise musste ich auf eigene Faust antreten, denn im Gegensatz zur Repatriierung französischer Ex-Häftlinge gab es keinen organisierten Transport in die Niederlande. Die niederländischen Behörden ließen mich auch in dieser Hinsicht im Stich. Unter den gegebenen Umständen fand ich es zu riskant, allein zu reisen. Ich musste warten, bis sich am 20. Juni die erste Gelegenheit bot.

Um die Kranken etwas aufzumuntern, kamen ab und zu französische Künstler in die Klinik. So trat auch Josephine Baker mit viel Charme und wenig Kleidern vor uns auf. In meinem Notizbuch hat sie noch ihr Autogramm hinterlassen. In dasselbe Büchlein notierte ich, wieviel ich im Laufe der Wochen wog. Am 10. April, zwei Tage nach meiner Befreiung im Lager, wog ich nur 45 Kilo. Fünf Tage später, bei meiner Ankunft im Krankenhaus, hatte ich bereits 4 Kilo zugenommen. Am 28. Mai betrug mein Gewicht schon 60 Kilo, und als ich das Krankenhaus verließ, wog ich 64 Kilo.

In der Zeit vor meiner Abreise lernte ich die Bevölkerung von Vaihingen etwas besser kennen. Ich konnte mir nicht vorstellen, dass diese hilfsbereiten und freundlichen Menschen noch vor so kurzer Zeit im Banne Hitlers und seiner Spießgesellen gewesen waren; dass vielleicht sogar Leute darunter waren, die sich zu grausamen Taten hatten hinreißen lassen; dass sie jeden Befehl, wie mörderisch auch immer, skrupellos ausgeführt hatten.

Am 20. Juni trat ich die Rückreise in die Niederlande an, zusammen mit einigen anderen, die sich aus Arbeitslagern in der Umgebung bei den Besatzungsbehörden gemeldet hatten. Über Knielingen bei Karlsruhe, Straßburg und Nancy kam ich in Arlons zur belgisch-luxemburgischen Grenze, wo neben einer ärztlichen Kontrolle auch eine Überprüfung der politischen Zuverlässigkeit stattfand. Dort stellte sich zu meinem Entsetzen heraus, dass mein anderer Zimmergenosse aus dem Vaihinger Krankenhaus ein Blutgruppenzeichen unter den Oberarm tätowiert hatte; ein eindeutiger Hinweis, dass er bei der SS gewesen war. Er hatte mir die ganze Zeit weisgemacht, als Widerstandskämpfer in Vaihingen gelandet zu sein. Er wurde sofort verhaftet.

Am nächsten Tag kam ich in Brüssel an, wo ich nun von niederländischen Sicherheitsbeamten kontrolliert wurde. Von dort aus

Der Friedhof in Vaihingen 2000

ging es mit der Eisenbahn nordwärts. Bei Oudenbosch passierte ich die Grenze. Meine Mitreisenden waren hauptsächlich Arbeiter, die in Deutschland, freiwillig oder gezwungen, an Arbeitseinsätzen teilgenommen hatten. Ich hatte das Gefühl, der Einzige zu sein, der als Jude aus einem Konzentrationslager war. Auf dem Bahnhof stieg ich kurz aus, um demonstrativ auf niederländischem Boden zu stehen. In diesem Moment wurde das *Wilhelmus-Lied* gespielt, die niederländische Nationalhymne. Etwas schnürte mir die Kehle zusammen, so dass ich keinen Ton herausbringen konnte.

Wir hielten in Breda, wo ich in einem Kloster in einem winzigen, nur mit Vorhängen abgetrennten Raum schlafen musste – alles andere als großzügig und beschämend für diejenigen, die das organisiert hatten. Ich hatte erwartet, in den Niederlanden mit etwas mehr Anteilnahme empfangen zu werden. Am 29. Juni stand ein Lastwagen bereit, der mich nach Amsterdam brachte.

Zurück in Amsterdam

Das Wort »Zuhause« steckte schon einige Zeit wie ein verworrenes Knäuel in meinem Kopf. Manegestraat 8 und Nieuwe Kerkstraat 103 waren nicht mehr mein Zuhause. Es war so gut wie ausgeschlossen, dass in Nummer 103 jemand von den ursprünglichen Bewohnern noch am Leben sein sollte. Während der langen Fahrt dachte ich ständig an meine Frau, an meine Angehörigen, Freunde und Bekannten. Wen würde ich in den kommenden Stunden, Tagen oder Wochen noch wiedersehen? Ich hatte die vage Hoffnung, dass meine Eltern und meine Schwester noch lebten, weil sie später als ich abgeholt worden waren und Diamantschleifer waren.

Aus diesen Grübeleien erwachte ich, als wir schon auf den Nieuwezijds Voorburgwal fuhren. Am Spui bat ich den Fahrer, auf dem Koningsplein anzuhalten. Auf diesem Platz wollte ich die Luft des befreiten Amsterdam atmen. Plötzlich fiel mir ein, dass sich um die Ecke die Druckerei befand, in der ich meinen Beruf erlernt hatte. Herrn Lindenbaum, dem Inhaber, der ebenfalls von den Deutschen deportiert worden war, schuldete ich Dank, weil er mich als Lehrling angenommen und mir für später eine gute Position in seinem Betrieb zugesagt hatte. Ich stieg aus dem Wagen und ging zur Herengracht. Nach etwa 50 Metern stand ich vor der Tür. Das Firmenschild »Druckerei Lindenbaum«, das so breit wie die ganze Fassade war, hing noch an seinem Platz. Voller Spannung ging ich die Treppe zum zweiten Stock hoch, um zu sehen, wer von meinen alten Kollegen dort noch arbeitete. In seinem kleinen Büro bei der Setzerei sah ich hinter den Glasfenstern Fopma, den Betriebsleiter, an seinem Schreibtisch sitzen. Als ich wie gewohnt an die Tür klopfte und er »herein« rief, trat ich näher, während er weiter seine

Drukkerij M. Lindenbaum & C° N.V.

Directeur: K. A. WEEDA

Heerengracht 457 bij het Koningsplein
Postchèque- en Girorekening 257153
Gemeente Girorekening Serie L 456

Telefoonnummer 33900 (2 lijnen)
Telegrammen:
Lindenbaum Heerengracht

Amsterdam, 9 Augustus 1946

Hierdoor verklaren wij, dat J.Schelvis op 12 October 1936 bij ons in dienst is getreden als leerling-drukker en onder de bekwame leiding van zijn superieuren is gevormd tot een uitstekend alleszins bekwaam vakman.
Open oog en oor voor de wonderen der techniek begreep hij al spoedig de constructie der Miehle-persen, zoowel de horizontale als de verticale.
Om meer dan één reden spijt het ons, dat hij onzen dienst gaat verlaten en een ander bedrijf de vruchten zal gaan plukken van het moeizaam ontwikkelingsproces.
Evenwel hopen wij, dat genoemde werknemer volkomen zal slagen in de verwachtingen, die hij zich heeft voorgesteld.
Gezien zijn vakbekwaamheid kunnen wij hem dan ook in alle opzichten aanbevelen.

DRUKKERIJ M. LINDENBAUM & Co. N.V.

Zeugnis von 1945 über Jules Schelvis' Arbeitszeit vor seiner Deportation

Druckfahnen korrigierte. Ich tippte ihm auf die Schulter und er sagte: »Ja, bitte?« Ich sagte: »Sie kennen mich doch noch?« Er drehte sich um und sagte: »Du? Schelvis!?« Verdutzt fragte er: »Was machst du denn hier?« Etwas anderes fiel ihm in diesem Augenblick nicht ein. Vielleicht schämte er sich, weil er damals ohne mit der Wimper zu zucken den alten Herrn Lindenbaum und seinen Sohn hatte weggehen sehen und auch für mich nichts getan hatte.

Ich antwortete ihm höflich: »Ich bin gerade, nach zwei Jahren, aus einem Konzentrationslager gekommen, wissen Sie, und jetzt besuche ich als freier Mann meine alte Druckerei.« Für einen Moment war er sprachlos. »Und was hast du jetzt vor?« fragte er. Auch mir fehlten die Worte. Ich konnte nichts anderes hervorbringen als zu sagen, ich käme mir nur mal eben die Hände waschen.

Als ich wieder auf der Straße stand, ging ich weiter über die Herengracht in Richtung Amstel. Offensichtlich hatten die prächtigen Amsterdamer Grachten nicht unter dem Krieg gelitten. Ich blieb einen Moment auf der Magere Brug stehen und sah dort in Gedanken Chel vor mir, wie ich sie hier 1941 mit einem Stern auf dem Kleid und ihrer Tasche unter dem Arm fotografiert hatte. Ich machte die Augen zu, um das Bild festzuhalten. Aber Stehenbleiben hatte keinen Sinn. Die Realität gebot mir weiterzugehen. Ich wollte noch nicht durch die Nieuwe Kerkstraat gehen, weil ich mich der Konfrontation mit dem Haus, wo wir gewohnt hatten, noch nicht gewachsen fühlte. Ich wollte zur Wohnung von Tante Annie an der Nieuwe Prinsengracht. Wenn überhaupt noch jemand am Leben war, dann sie.

Unterwegs nahm niemand von mir Notiz; ich war einer der Amsterdamer Männer, die einen Spaziergang machten oder Einkäufe erledigten, einer, der den Hungerwinter offenbar ganz gut überstanden hatte und an dem nichts Besonderes auffiel. Aber jedem, dem ich begegnete, hätte ich am liebsten zugeschrien, dass ich eine der seltenen Ausnahmen war, dass ich vor zwei Jahren in diesem Stadtviertel mit noch tausenden anderer aus meiner Wohnung geholt und ins Vernichtungslager Sobibór verschleppt worden war, und dass ich den Krieg überlebt hatte ... Aber die Bevölkerung wusste nichts von Sobibór. Der Name und die Bedeutung sagten den Niederländern noch nichts, erst später wurde in der Öffentlichkeit bekannt, dass die meisten Juden aus diesem Viertel dorthin gebracht und nach der Ankunft vergast worden waren. Sie konnten nicht wissen, dass ich dort und in zahlreichen anderen Lagern gewesen war, wo Tod und Verderben geherrscht hatten, dass ich aus der Hölle zurückgekehrt und wie kein anderer innerlich zerrissen war.

An der Tür des Hauses Nieuwe Prinsengracht 37 hing noch immer das Namensschild »I. Stroz«. Mit zitternden Knien zog ich am Klingelzug und hörte, dass es oben läutete. Die Tür wurde aufgezogen, und jemand rief mit deutschem Akzent: »Wer ist da?« Ich antwortete mit einer Stimme, die so normal wie möglich klang: »Ich bin's, Jules, Jules Schelvis«.

Ich hörte Tante Annie zu ihrem Mann sagen: »Mein Gott, Ies, ich glaube, Jules ist zurückgekommen.«

Tante Annie, Onkel Ies und ihr Sohn Karel empfingen mich mit offenen Armen. Wir haben Tage und Nächte miteinander geredet. Sie wussten mir zu erzählen, dass meine Eltern und meine Schwester im Mai 1944 von Westerbork nach Bergen-Belsen geschickt worden waren. Von Chels Familie war nur eine Nichte, die in der Experimentierbaracke von Auschwitz gewesen war, aus Polen zurückgekehrt. Der Bruder meiner Schwiegermutter, Onkel Karel, und dessen Frau waren die ganze Zeit untergetaucht. Der Brief, den ich aus Radom geschickt hatte und der in bester Ordnung angekommen war, hatte ihnen Hoffnung gegeben, dass ich zurückkommen würde.

Am nächsten Tag musste ich mich, wie man mir in Breda gesagt hatte, bei der Repatriierungsstelle am Hauptbahnhof melden, wo ich erneut ins Melderegister eingetragen wurde und die erforderlichen Bezugsscheine erhielt. Für das Allernotwendigste schob man mir einen Betrag von 68 Gulden zu, den ich übrigens nach einigen Wochen wieder zurückzahlen musste. Darüber hinaus gab es niemanden, aber auch wirklich niemanden, von welcher Behörde auch immer, der sich um mich kümmerte oder dem etwas an mir lag. Den Empfang in meiner Heimatstadt hatte ich mir ganz anders vorgestellt.

Während die Seite mit den geraden Hausnummern der Nieuwe Prinsengracht bis zur Ecke der Roetersstraat durchgeht, endet die Seite mit den ungeraden Nummern an der schmalen, kurzen Manegestraat. Weiter kann man nicht gehen, weil ein Zaun bis zum Wasser der Gracht den Durchgang versperrt. Dahinter befindet sich das Altersheim. Ich ging still durch die schmale Manegestraat, die früher von den Bewohnern – die meisten waren osteuropäische Juden – die Russengasse genannt wurde. Vor dem Haus Nummer acht blieb ich stehen. Dort hatten Chel und ich mit ihren Großeltern gewohnt. Für kurze Zeit waren wir dort sehr glücklich gewesen, trotz der Drohung der bevorstehenden Deportation. Ich konnte kaum glauben, dass jetzt fremde Leute dort wohnten. Ich versuchte, durch die Gardinen einen Blick in die Räume zu werfen, um zu sehen, ob noch Möbel von uns dort standen. Neben uns in Nummer sechs hatte die aus Polen stammende Familie Katz gewohnt. Sie hatten einen gemütlichen, altmodischen Lebensmittelladen bessesen, wo sich Vater Katz für ihr bescheidenes Auskommen abrackerte. Anfang 1943 waren sie von der »Grünen Polizei« abgeholt worden. Auf der anderen Seite, in der Nummer zehn, in dieser für andere vielleicht schäbigen, aber stimmungsvollen Straße, hatten Sam und Adela Swaap gewohnt. Sam war ein begabter Geiger. Er trat in die Fußstapfen seines Vaters, der Konzertmeister beim Residentie-Orchester gewesen war. Niemand aus der Straße war zurückgekehrt. Nur Adela, die untergetaucht war. Weil kein Sonnenstrahl dorthin gelangen konnte, lag die Straße immer im Schatten. Es war totenstill. Die hohen Stimmen der Frauen, die im munteren Jiddisch aus den Fenstern miteinander geplaudert hatten, und die Lieder der Kinder, die dieser Straße ihren Zauber verliehen hatten, waren verstummt. Ich ging schnell weiter, um meine Gefühle unter Kontrolle zu behalten. Als ich um die Ecke bog, stand ich in der Nieuwe Kerkstraat. Auf der gegenüberliegenden Seite von Nummer 103 blickte ich durch einen Tränenschleier zu der Wohnung hinauf, die ich vor zwei Jahren verlassen musste. Auf den ersten Blick hatte sich dort nichts verändert. Jetzt wohnten dort andere Leute. Die beiden großen Fenster des Schlafzimmers von Gretha und David und des angrenzenden kleinen Zimmers, wo Chel und ich geschlafen und wo wir uns geliebt hatten, waren immer noch nicht gestrichen. Auch die Tür stand wie früher offen, weil das Schloß immer noch nicht repariert worden war.

Warum sah ich Gretha und David jetzt nicht am Fenster, wie sie das bunte Treiben beobachteten, das sich von früh bis spät in der Nieuwe Kerkstraat abspielte? Warum war der Laden von Moos van Kleef geschlossen, und wo war der Lumpensammler Max Brilleslijper mit seinem Karren? Wenn vielleicht alles nur ein schlimmer Traum gewesen war? Dann wären Hella und Ab, Chel und Herman, Gretha und David, nachdem ich geklingelt hatte, schnell nach unten gekommen, um mich zu umarmen, wie es üblich ist, wenn ein geliebter Angehöriger nach langer Abwesenheit zurückkommt. Sie hätten mir zum Tee selbstgebackene Plätzchen angeboten, und danach hätten wir mit Lechajim auf unser

Wiedersehen angestoßen. Wir hätten *Tsen Brider, Der Rebbe tanzt* und andere jiddische Lieder gesungen. Gretha hätte die Familie Bles aus dem zweiten Stock gerufen, damit sie Zeuge des Wiedersehens würde.

Aber das war der schlimmste Traum der vergangenen zwei Jahre. Zurück in der Realität des Augenblicks ging ich weinend weiter. Alles war wirklich geschehen, und es gab niemanden, der mich trösten konnte. All die Menschen, die ich geliebt hatte, existierten nicht mehr. Ermordet.

Die Nieuwe Kerkstraat war leer geworden. Es war keine jüdische Straße mehr. Fort waren die Goldsteins, die Lewensohns, die Landaus, die Przerowskis, die Herzbergs und die Edelsteins. Ein grausames Messer hatte die Seele herausgeschnitten. Obwohl ich alles am eigenen Leib erfahren und durchgestanden hatte, konnte ich immer noch nicht begreifen, dass ich der Einzige der Familie war, der es überlebt hatte.

Ich bog um die Ecke und stand auf dem Asphalt der Weesperstraat, auf dem Platz, wo wir uns seinerzeit versammeln mussten, nachdem man uns aus unseren Wohnungen geholt hatte. Ich traute meinen Augen nicht. Von neuem glaubte ich, dass ich träumte, denn ich meinte Joop Wins wiederzuerkennen. Ich kniff mich in den Arm, um festzustellen, ob er es wirklich war. Er war es, auch wenn er erheblich zugenommen hatte seit damals in Unterriexingen, wo wir uns aus den Augen verloren hatten. Nach einer zweiwöchigen Odyssee war er schließlich in Dachau gelandet, wo er am 29. April befreit worden war, genau drei Wochen später als ich in Vaihingen. Trotzdem war er früher nach Amsterdam zurückgekehrt. Wie in Gottesnamen war es möglich. Unser sehnlicher Wunsch von damals war in Erfüllung gegangen. Joop Wins und ich hatten uns im Herz des ehemaligen Judenviertels von Amsterdam, auf dem Asphalt der Weesperstraat, wiedergefunden. Nach all unseren Erlebnissen während der zwei Jahre in Polen und Deutschland.

Das konnte schon kein Zufall mehr sein ...

Nachwort

Sobibór

Als ich Sobibór am 4. Juni 1943 verließ, blieben 2.925 Menschen aus unserem Transport dort zurück, unter ihnen meine Frau Rachel und ihre Familie. Sie wurden innerhalb weniger Stunden durch Vergasung ermordet. Der SS-Mann Gomerski schrieb am 19. September 1961 in Gefangenschaft: »An sich ging die Vergasung der Juden sehr schnell. Mit einem Transport konnte man an einem Tag fertig werden. So ein Transport umfasste immer etwa zwischen 1.000 und 1.500 Menschen. Einmal ist es vorgekommen, dass ein Transport ankam, der 3.000 Menschen umfasste. Auch dieser Transport wurde an inem Tag ›verarbeitet‹«. Diese Erklärung verwendete ich in meinem Plädoyer als Nebenkläger am 22. August 1985 im Prozess gegen den SS-Oberscharführer Frenzel, der in Hagen stattfand. Ich forderte lebenslänglich – ein Urteil, dass vom Gericht auch gefällt wurde.

Die Täter

Die SS-Leute aus Sobibór haben erheblich mildere Strafen erhalten als die aus Vaihingen/Enz. Das hängt damit zusammen, dass die Sobibór-Prozesse zu einer Zeit stattfanden, da die Todesstrafe abgeschafft worden war. Daher wurde keiner der Mörder von Sobibór zum Tode verurteilt. In einigen Fällen lautete der Urteils-spruch lebenslänglich. Die meisten Angeklagten wurden zu zwei bis fünf Jahren Haft verurteilt.

Die Opfer

Im Zweiten Weltkrieg wurden fast sechs Millionen Juden ermordet, darunter 41 meiner Verwandten. Leo de Vries ist ein paar Tage, nachdem er aus Unterriexingen abtransportiert worden war, in Kochendorf an Erschöpfung gestorben. Sein Andenken lebt fort im Vornamen meines Sohns.

Mein Vater wurde am 9. Juli 1943 nach Westerbork gebracht, meine Mutter einen Tag später. Acht Tage danach wurden beide freigelassen. Sie kehrten nach Amsterdam zurück.

Meine Schwester wurde am 22. Juli 1943 aus dem Elternhaus ins Konzentrationslager Vught abtransportiert, wo man sie als Diamantarbeiterin registrierte. Monate später, am 20. Mai 1944, wurde sie zusammen mit unseren Eltern, die man am 29. September 1943 ebenfalls in Vught eingeliefert hatte, ins Konzentrationslager Bergen-Belsen gebracht. Von dort brachte man meinen Vater Anfang Dezember nach Oranienburg, wo er am Ende desselben Monats den Tod fand.

Meine Mutter und meine Schwester wurden am 1. Mai 1945, nachdem sie zwei Wochen lang in offenen Waggons durch Norddeutschland gefahren waren, von Graf Bernadotte übernommen und nach Schweden gebracht. Erst am 28. Juli 1945 erfuhren wir voneinander, dass wir drei den Krieg überlebt hatten. Nach ihrer baldigen Rückkehr in die Niederlande zog meine Schwester Milly nach Den Bosch, wohin ihr Verlobter Ruut Rubens inzwischen aus seinem Exil in der Schweiz zurückgekehrt war. Die beiden heirateten kurze Zeit später in Amsterdam.

Meine Mutter und ich mieteten ein möbliertes Zimmer, wo wir einige Monate verbrachten. Mittlerweile hatte ich im Jugendverein Jo kennen gelernt. Von meinem Gehalt bei der Firma Lindenbaum, wo ich wieder arbeitete, kaufte ich ein paar gebrauchte Möbel und etwas Hausrat. Im Oktober 1946 bekam ich eine Entschädigung für meine in Amsterdam verloren gegangenen Besitztümer. Vier Jahre später erhielt ich über die Stiftung JOKOS eine Entschädigung von der deutschen Regierung. Damit wurde die Akte endgültig geschlossen. Ich habe noch versucht, vom Steinbruch von Baresel in Vaihingen, wo ich Schwerstarbeit leisten musste, eine Lohnnachzahlung zu erhalten. Aber mein Antrag wurde abgelehnt.

Alles in allem war weder die deutsche Bundesregierung noch der niederländische Staat zu einer angemessenen finanziellen

Wiedergutmachung bereit, von mentaler Betreuung ganz zu schweigen. Niemand hat uns ehemalige Lagerhäftlinge in dieser Hinsicht unterstützt.

Am 17. Juli 1946 heiratete ich Jo(hanna) Leevendig. Aus unserer Ehe stammen zwei Kinder. Unser Sohn Leo (1948) bekam eine Tochter, Kim Esther; meine Tochter Marianne (1954) einen Sohn, Martijn Peter, und eine Tochter, Miriam Ester. Meine Frau Jo ist 2001 nach 53-jähriger Ehe im Alter von 83 Jahren gestorben.

Anmerkungen

1 Widerstandskämpfer haben die Karteikarten, unter denen die der Juden waren, die deportiert werden sollten, im Einwohnermeldeamt gestohlen. Diese Aktion gelang nur teilweise. Damals haben wir gedacht, dass alle Meldeunterlagen der Amsterdamer Juden vernichtet worden seien.

2 Walter Süskind war in Amsterdam im Jahre 1943 engagiert in einem Netz, das Babys und kleine Kinder versteckte. Er wurde in Theresienstadt ermordet.

3 Albert Gemmeker ist nach dem Krieg in den Niederlanden zu 10 Jahren Gefängnis verurteilt worden. 1951 wurde er vorzeitig entlassen.

4 Sämtliche Transportlisten aus Westerbork nach Sobibór sind erhalten geblieben. Siehe: Schelvis, Jules: Vernietigingskamp Sobibor. De transportlijsten. Amsterdam 2001.

5 Die Deutschen in Sobibór haben verschiedenen Baracken zur Tarnung »schöne« Namen wie Lustiger Floh, Schwalbennest und Gottes Heimat gegeben.

6 Kapos waren von der SS ausgewählte Funktionshäftlinge, die begrenzte Macht über die anderen Häftlinge ausüben konnten. Sie hatten unter der Aufsicht der SS beispielsweise die Verantwortung über die Wahrung der Ordnung innerhalb und außerhalb des Lagers und mussten Befehle des Lagerkommandanten und der Wachleute ausführen.

7 Schwarz ist 1944 in Italien gefallen.

8 1974 wurde Mohwinkel zu einer lebenslangen Gefängnisstrafe verurteilt.

9 Die Osti wurde später umbenannt in DAW, Deutsche Ausrüstungswerke.

10 German Police Decodes Nr 3 Traffic: 17.6.43, Nr. 11, ZIP/GPPD 513.
Die Operation, hundert Drucker nach Radom zu bringen, geschah nach einem Plan unter der Verantwortung der SS. Kürzlich wurde ein vom englischen Geheimdienst entschlüsseltes Telefongespräch bekannt, das SS-Hauptsturmführer Michalsen im Auftrag des SS- und Polizeiführers Lublin (Globocnik) am 17. Juni 1943 um 10.30 Uhr mit folgendem Inhalt mit einem SS-Transportoffizier in Krakau führte: Zur Verlagerung von 100 jüdischen Fachkräften von Lublin Alter Flugplatz nach Radom werden dringend 2 G-Wagen [Güterwagen] benötigt. Um zuteilung von Fahrt-Nr. wird gebeten.
Der Historiker Peter Witte aus Hemer hat mich auf diesen Bericht aus England aufmerksam gemacht.

11 Als Generalgouvernement wurde der vom Deutschen Reich am 26.10.1939 eingerichtete Verwaltungsbereich bezeichnet, der diejenigen Teile von Polen umfasste, die von Deutschland besetzt, aber nicht unmittelbar dem Reich einverleibt worden waren. Das Generalgouvernement war in vier Distrikte aufgeteilt: Warschau, Krakau, Radom und Lublin. Am 1.8.1941 kam Ostgalizien als fünfter Distrikt dazu.

12 Ajzyk Kurc starb kurz vor der Befreiung in Vaihingen.

13 Konrad Buchmayer ist 1950 in Wien zu zwölf Jahren Haft verurteilt worden.

14 Herbert Böttcher wurde am 12.6.1950 in Radom hingerichtet.

15 Shulem Czerwonykamien hat den Krieg überlebt. Ich habe ihn 1989 in Queens/New York besucht. Es war für beide eine emotionale Begegnung. Er war bereit, vor meiner Kamera darüber zu berichten, welche Rolle er dabei gespielt hatte, dass Leo und ich auf die Druckereiliste für den Alten Flugplatz kamen.

16 Rokita wurde 1960 wegen begangener Kriegsverbrechen verhaftet. Ein Jahr später ist er aus Gesundheitsgründen entlassen worden. Ich habe ihn 1969 auf Fotos identifiziert, die mir ein deutscher Staatsanwalt im Gerichtsgebäude von Haarlem gezeigt hatte.

17 Mit Micha Zysman haben Leo, Joop und ich in der Garage, wo der Bedford stand, abends nach der Arbeitszeit angenehme Stunden verbracht. Er hatte dort einen Kocher, auf dem er sich manchmal etwas zubereitete. Oft sangen wir niederländische Lieder aus der Jugendbewegung und das englische Lied »My bonny is over the ocean«. Nach dem Krieg hat er seine Freundin in Radom, Eva Kroonenberg, geheiratet. 1989 habe ich sie in den Vereinigten Staaten, in Union, New Jersey, besucht. Ihrem Sohn haben sie den Namen Jules gegeben.

18 Möller wurde an Polen ausgeliefert und dort 1959 hingerichtet.

19 Celina Ensel hat den Krieg überlebt. Sie ist 2001 im Alter von 75 Jahren in Spijkenisse/Niederlande gestorben.

20 Dokument 292, 21. Juli 1944, Radom, in: Jüdisches Historisches Institut Warschau (Hg.): Faschismus-Getto-Massenmord. Frankfurt/M. 1961, S. 371.

21 Die Waffenfabrik wurde am 23. Juli 1944 stillgelegt.

22 Der SS-Mann Sommer wurde 1947 für Morde während dieses Todesmarsches zum Tode verurteilt. Auch von Gunesch und Skoneczny ist bekannt, dass sie sich während des Marsches der schlimmsten Verbrechen schuldig gemacht haben.

23 Bei der Organisation Todt (OT) handelte es sich um eine halbmilitärische Organisation, die nicht nur in Deutschland sondern auch in den besetzten Gebieten Befestigungsanlagen und Bauten für die Kriegsindustrie errichtete. Die OT sandte ihre Leute in andere Länder, wo sie Bauten erstellten oder ausländische Arbeitskräfte verschiedener Nationalität beaufsichtigten. Der Namensgeber der OT Fritz Todt verunglückte 1942 bei einem Flugunfall. Alle seine Ämter übernahm Albert Speer, der weitgehend die Führung der OT Xaver Dorsch überließ.

24 Wilhelm Lautenschlager wurde November 1947 von einen französischen Militärtribunal zu lebenslänglicher Zwangsarbeit verurteilt. Die Strafe wurde später auf 12 Jahre herabgemildert.

25 Nicht jeder entkam seiner Strafe. Die folgenden SS-Männer wurden 1948 von einem französischen Militärtribunal in Rastatt zum Tode verurteilt: Johann Hecker, Jozef Franz Pospischil, Anton Pill, Gustav Herzeg und Stefan Krug.
Möller, der sich selbst der »Knochenbrecher von Sachsenhausen« nannte, wurde 1948 an Polen ausgeliefert und hingerichtet.

26 Als ich zehn Jahre nach Kriegsende Vaihingen besuchte, war kaum noch etwas von der Stelle zu sehen, an der die Fabrik im Aufbau war. Der Steinbruch war mit Abfall, Sand und Erde zugeschüttet worden.

27 Gusband ist 1948 von einem französischen Militärtribunal in Rastatt zu einem Jahr Gefängnis verurteilt worden wegen des mehrfachen Schlagens eines Häftlings mit einer Peitsche.

28 Adam Dichmann wurde 1948 von einem französischen Militärtribunal in Rastatt zum Tode verurteilt.

29 Unter ihnen befand sich Trygve Bratelli, der spätere Ministerpräsident Norwegens.

30 Bei dem Mann, der das Lager befreite, handelte es sich um Roger Audibert.

31 Später tippte meine Frau es auf ihrer Schreibmaschine ab und es wurde ein Buch, von dem ich eine Kopie an das Niederländische Institut für Kriegsdokumentation geschickt habe.